WESTEND

Heiner Flassbeck arbeitete von 2000 bis 2012 bei den Vereinten Nationen in Genf und war dort als Direktor zuständig für Globalisierung und Entwicklung. Zuvor war er Staatssekretär im Bundesministerium für Finanzen. 2005 wurde Flassbeck von der Hamburger Universität zum Honorar-Professor für Wirtschaft und Politik ernannt. 2012 ist sein Blog flassbeck-economics.de mit täglichen Analysen und Kommentaren zu Wirtschaft und Politik online gegangen.

Costas Lapavitsas ist Professor der Volkswirtschaft an der Universität London. Seine Forschungsschwerpunkte liegen in den Bereichen Kapitalwirtschaft, Politische Ökonomie und der volkswirtschaftlichen (Ideen-)Geschichte. In den vergangenen Jahren galt sein wissenschaftliches Interesse verstärkt den finanziellen Implikationen der Euro-Krise. 2013 erschien sein Buch »Profit ohne Produktion« (engl. »Profiting without Producing«, Verso), das international große Anerkennung erlangte.

Heiner Flassbeck & Costas Lapavitsas

NUR DEUTSCHLAND KANN DEN EURO RETTEN

Der letzte Akt beginnt

Vorbemerkung von Oskar Lafontaine
Vorwort von Paul Mason
Nachwort von Alberto Garzón Espinoza

WESTEND

Die Originalausgabe erschien unter dem Titel
Against the Troika. Crisis and Austerity in the Eurozone
© Verso (THE IMPRINT OF NEW LEFT BOOKS) 2015
All rights reserved

Mehr über unsere Autoren und Bücher:
www.westendverlag.de

Die Deutsche Nationalbibliothek verzeichnet diese Publikation in
der Deutschen Nationalbibliografie; detaillierte bibliografische Daten
sind im Internet über http://dnb.d-nb.de abrufbar.

Das Werk einschließlich aller seiner Teile ist urheberrechtlich geschützt.
Jede Verwertung ist ohne Zustimmung des Verlags unzulässig.
Das gilt insbesondere für Vervielfältigungen, Übersetzungen,
Mikroverfilmungen und die Einspeicherung und Verarbeitung in
elektronischen Systemen.

ISBN 978-3-86489-096-3
© Westend Verlag GmbH, Frankfurt/Main 2015
Umschlaggestaltung: Max David, Westend Verlag
Satz: Publikations Atelier, Dreieich
Druck und Bindung: CPI – Clausen & Bosse, Leck
Printed in Germany

Inhalt

Vorbemerkung 7

Vorwort 9

Die Europäische Währungsunion rutscht tiefer
in die Krise 14

Die theoretische Begründung für die Währungsunion 18

Deutschland als Auslöser der Eurozonenkrise 40

Das Dilemma der Strom- und Bestandswerte in der EWU 64

Die europäische und globale Unfähigkeit, mit externen
Ungleichgewichten umzugehen 80

Die Europäische Wirtschafts- und Währungsunion
steuert auf ein Desaster zu 102

Was kann und was sollte die Linke tun? 109

Einen konfrontativen Austritt aus der Währungsunion
bewältigen 121

Die Demontage der Währungsunion 126

Die griechische Katastrophe 132

Ein alternativer Weg für Griechenland	140
Ein Hoffungsschimmer für Griechenland und Europa	168
Nachwort: Eine Gelegenheit für Europa	174
Bibliografie	178
Anmerkungen	182

Vorbemerkung

Oskar Lafontaine, ehemaliger Vorsitzender der SPD und der Partei Die Linke

Europa befindet sich Anfang 2015 in einer kritischen Phase seiner Entwicklung. Angesichts einer anhaltenden Rezession, einer schwindelerregend hohen Arbeitslosigkeit und einer politischen Führung, die unfähig ist, auf die komplexen Fragen der langwährenden Krise der Europäischen Währungsunion Antworten zu geben, beginnt die Idee eines friedlich vereinten europäischen Kontinents zu verblassen.

Für jemanden wie mich, der in einer Kleinstadt ganz nahe an der französischen Grenze aufgewachsen ist und in einem starken paneuropäischen Geist erzogen wurde, ist die Vision eines vereinten Europa, das durch allmähliche Angleichung der Lebensstandards, die Vertiefung der Demokratie und das Aufblühen einer wahrhaft europäischen Kultur zusammenwächst, seit vielen Jahrzehnten ein politischer Leitstern.

Heute, angesichts einer nicht enden wollenden Krise der europäischen Institutionen und der Not, die Millionen unschuldiger Menschen in ganz Europa aufgezwungen wird, ist es zutiefst besorgniserregend, den Aufschwung rechtsextremistischen Gedankenguts zu beobachten, Vorstellungen, von denen wir glaubten, dass sie unwiderruflich abgewirtschaftet hätten. Ein ausdrücklich gegen die Idee eines vereinten Europa gerichteter Nationalismus gewinnt im Norden wie im Süden an Boden.

Die Gründe dieser traurigen Entwicklung legen in diesem Buch die Ökonomen Heiner Flassbeck und Costa Lapavitsas, beide mit ausgiebiger internationaler Erfahrung in Forschung und Politik – der eine aus dem Norden, der andere aus dem

Süden –, meisterhaft dar. Sie führen deutlich vor Augen, dass die von Deutschland seit Beginn der Europäischen Wirtschafts- und Währungsunion verfolgte merkantilistische und deflationäre Politik für den tiefen Bruch verantwortlich gemacht werden muss, der gegenwärtig Europa bedroht. Noch beunruhigender ist, dass im Gefolge der globalen Krise von 2007 bis 2009 ein Gläubigerland wie Deutschland enorme Macht gewonnen, diese aber schlecht eingesetzt hat. Sparpolitik und Lohnkürzungen, die den Schuldnerländern aufgezwungen werden, haben in ganz Südeuropa und insbesondere in Griechenland eine große Rezession ausgelöst und die Idee eines gemeinsamen »europäischen Projekts« ausgelöscht. Es ist gerade im Lichte dieser Erfahrungen schlicht unerträglich für demokratisch gewählte Regierungen in Paris, Rom oder Athen, sich weiterhin die Richtung ihrer Wirtschaftspolitik von Berlin diktieren zu lassen.

Angesichts des deutschen Widerstandes gegen jede Änderung des Kurses, sowie der nationalistischen Gefahren, die diese Haltung in noch weiteren europäischen Ländern anstacheln dürften, dürfen die Warnung von Flassbeck und Lapavitsas nicht ignoriert werden. Manchmal ist es notwendig, einen Schritt rückwärts zu gehen, wenn Fortschritt erzielt werden soll. Die Europäische Währungsunion, als Krönung der europäischen Integration entworfen, sollte nicht zu ihrem Grabstein werden. Wenn Länder dem Sparzwang und den anderen Anpassungsbedingungen nicht nachkommen können, ohne ihre Demokratie und ihren gesellschaftlichen Zusammenhalt zu gefährden, muss ihnen ein Ausweg aus der Zwangsjacke der Währungsunion geöffnet und ermöglicht werden, ihr Schicksal in die eigene Hand zu nehmen. Wenn die Europäische Union unfähig ist, den Ländern in wahrhaft kollegialer und verbindender Weise beizustehen, sollte sie daran gehen, die lebensunfähige Währungsunion aufzulösen und so ein frisches Fundament für einen glaubwürdigeren Integrationsprozess legen.

Vorwort

Paul Mason
Wirtschaftsredakteur beim britischen TV-Sender Channel 4 und Autor von *Postcapitalism. A Guide to Our Future*, London 2015 (im Druck)

Die OECD selbst wird es nicht so offen sagen, aber die Projektionen ihrer Ökonomen von 2014 für ihren Wirtschaftsausblick der kommenden 50 Jahre verheißen nichts Gutes: Für die Industrieländer sind die besten Jahre des Kapitalismus vorbei. Die langfristigen Wachstumsraten dürften gering bleiben – aufgrund niedriger Produktivität, einem hohen Anteil alter Menschen im Verhältnis zu jungen Beschäftigten und einem überhandnehmenden Schuldenproblem, das wiederum nach stärkerer Lohnmäßigung und Einschlägen in den Wohlfahrtsstaat verlangt.

Der unmittelbaren Zukunft beschert die Krise ein Überangebot von Arbeitskräften und Kapital und eine Knappheit an Profiten, Lohnzuwachs, Inflation und Wirtschaftswachstum. Und das ändert das makroökonomische Spiel. In der gesamten neoliberalen Ära gründete die volkswirtschaftliche Strategie auf der Annahme, dass die globale Wirtschaft nur Sieger kenne, ein Gewinnspiel für alle, das am besten durch Zusammenarbeit klappt.

Doch im siebten Jahr der Sparpolitik nach der Lehman-Pleite gilt das nicht mehr. Die Rezession hat sich für die Industrieländer in eine zählebige Stagnation verwandelt; und da sich jeder der BRIC-Staaten – sprich die aufstrebenden Volkswirtschaften Brasilien, Russland, Indien und China – nun einer Strukturkrise gegenübersieht, ist es für Politiker an der Zeit, den wirtschaftlichen Horizont der kommenden 50 Jahre einmal genauer zu betrachten und umzudenken.

Wenn das Wachstum schwindet, wird es für jeden Staat zum obersten Gebot, sich einen ordentlichen Anteil daran zu sichern – und, wo möglich, mehr als das.

Und das ist es praktisch, was drei der vier großen Spieler der Weltwirtschaft in Angriff genommen haben: Die Vereinigten Staaten haben durch ihr Haushaltsdefizit, die Bankenrettungen und die expansive Geldpolitik ihrer Zentralbank einen Großteil des im Westen verfügbaren Wachstums auf sich gezogen, während Japan und China nun in einem unerklärten Währungskrieg festsitzen, in dem jede Seite mittels lockerer Geldpolitik ihr Wachstum zu bewahren sucht.

Nur Europa weigert sich, am Wettstreit teilzunehmen. Seine nationalen Eliten und die supranationale Elite in den Institutionen der Europäischen Union können nur die ausgeleierten Schlagwörter nachbeten, die den Kontinent in die Stagnation geführt haben.

Die Europäische Zentralbank (EZB) hat beharrlich verspätet und konservativ agiert, wo es um den Einsatz der Geldpolitik zur Linderung der Stagnationskrise ging. Erst 2012 hat sie, mit einer existenzbedrohenden Krise an den Anleihemärkten konfrontiert, damit begonnen, unkonventionelle Maßnahmen zu ergreifen. Selbst jetzt noch, wo dieses Buch erscheint, ist nicht klar, ob sie sich zu einer umfänglichen geldpolitischen Lockerung wird durchringen können.

Bei der Fiskalpolitik sitzt der ganze Kontinent – auf Geheiß Deutschlands – in einer abträglichen und unnötigen Austerität gefangen: Von der Politik verursachte Wachstumsschmälerungen von zwei oder drei Prozent des Bruttoinlandsprodukts selbst noch der gesündesten Volkswirtschaften werden – unseren Enkelkindern – wie Wahnsinn anmuten. Uns droht ein Jahrhundert des wirtschaftlichen Stillstands, also erzwingen wir noch ein bisschen mehr Stagnation, um Regeln gerecht zu werden, die für eine frühere Ära entworfen wurden.

Der Wasserstandsanzeiger der politischen Untüchtigkeit ist die Politikverdrossenheit, und die ist offenkundig. Die Parteiensysteme in Japan, China und sogar – trotz aller Unkenrufe – in USA bleiben zwar intakt. Doch in vielen europäischen Ländern gibt es jetzt eine erzkonservative bis rechtsextrem-nationalistische Opposition mit zweistelligen Stimmanteilen: UKIP, die Partei für ein unabhängiges Großbritannien, der Front National in Frankreich, die Schwedendemokraten. In Spanien und Griechenland sind fast aus dem Nichts heraus linksradikale Parteien aufgetaucht, mit einer echten Chance, die nächsten Wahlen zu gewinnen.

Angesichts von Massenarbeitslosigkeit und der neu erwachsenen Bedrohung durch Parteien von den äußeren Rändern ist die Selbstgefälligkeit der europäischen Elite verblüffend. Sie war innerhalb des Neoliberalismus immer der verlegen dreinschauende Schwächling: Die Europäische Union war das einzige Projekt einer freien Marktwirtschaft, das sich einen kostspieligen Wohlfahrtsstaat und einen offen mit seiner Arbeitnehmerschaft eingegangenen Gesellschaftsvertrag aufhalste. Die Union glaubte an den Neoliberalismus mehr, als sie ihm frönen konnte.

Während sich also der amerikanische Präsident ein erfolgreiches Tauziehen nach dem anderen mit dem Kongress liefern kann, um die »Fiskalklippe« drohender Zahlungsunfähigkeit zu umschiffen, bleibt die Europäische Union bei ihren eigenen Regeln und ihrer eigenen zerschlissenen Ideologie, und als Folge davon hocken Millionen junger Menschen arbeitslos daheim, liegen ihren Eltern auf der Tasche oder verlieren ihre Zeit mit irgendwelchen »Mistjobs«, die einen kargen Lohn und einen noch kärgeren Nutzen abwerfen.

Konservative Parteien, deren Massenbasis die Mittelklasse ist, die Finanzelite und nun das große Heer der Bediensteten, das die Blasenwelt der superreichen Rentiers bevölkert, können solche politischen Krisen überleben. Für Mitte-links-Parteien sieht es anders aus. Selbstzufriedenheit hat sich bei ihnen als selbstmörderisch erwiesen.

PASOK, die Panhellenistische Sozialistische Bewegung in Griechenland, würde sich eher selbst abschaffen als die Arbeiter- und Mittelklasse vor der Sparpolitik zu schützen. Die Spanische Sozialistische Arbeiterpartei (PSOE) musste mit ansehen, wie sie von einer rivalisierenden, dynamischen Linkspartei ins Abseits geschoben wurde. In Schottland sieht die Labour Party ihrer Auslöschung entgegen, nachdem sie sich mit letzter Kraft für die Einheit mit England in die Bresche geworfen hat, während Heerscharen junger Leute und Arbeiter für Unabhängigkeit auf Basis einer Plattform für soziale Gerechtigkeit eintraten.

Es ist eine blasse, untalentierte, übervorsichtige Generation von Sozialdemokraten, die heute das Heft in der Hand hält. Sie spricht nicht mehr die Sprache ihrer eigenen traditionellen Anhängerschaft, der Arbeiterklasse, noch jene der vernetzten jungen Leute, die 2012 auf die Straßen strömten. Und das, weil sie keine Alternative zur Austerität erkennen kann.

In diesem Buch präsentieren die Autoren Heiner Flassbeck und Costas Lapavitsas eine Alternative: einen kontrollierten Austritt aus dem Euro und eine Rückkehr zu national souveränen Zentralbanken. Sie argumentieren, dass die politische Union und eine »Transferunion«, in der Steuern und Ausgaben zusammengelegt werden, innerhalb der Europäischen Union unmöglich sind, und dass jedes Projekt sozialer Gerechtigkeit unweigerlich mit den europäischen Institutionen in Konflikt geraten muss.

Jenen, die im Gegenteil noch glauben, Europa ließe sich reformieren, um soziale Gerechtigkeit, Wirtschaftswachstum und eine umfassende Wohlfahrt der Gesellschaften zu schaffen, erweisen die Autoren den wertvollen Dienst, auszubuchstabieren, was dies bedeuten würde: die Niederlage nicht nur der tonangebenden konservativen Parteien, sondern auch ihrer rechtsgerichteten nationalistischen Herausforderer; die völlige Umkrempelung der europäischen Sozialdemokratie, die zu einer unorthodoxen, expansiven Finanz- und Wirtschaftspolitik übergehen müsste; den Triumph der bislang noch unerprobten neuen Linksparteien.

Die Jahre 2015 und 2016 werden von entscheidender Bedeutung sein: Was in Großbritannien, Griechenland, Spanien und schließlich in Frankreich geschieht, wird darüber entscheiden, ob Europa unter dem kombinierten Druck der neuen Rechten und unorthodoxen Linken auseinanderbrechen wird. Sollte es überleben, werden die allermeisten Verfechter der aktuell herrschenden Politik, die das wollen, dafür sorgen, dass dieses Überleben gleichbedeutend mit Stagnation, Sparpolitik und gesellschaftlichem Zerfall sein wird.

Das Überleben Europas als Projekt zur Schaffung sozialer Gerechtigkeit, einer nachhaltigen und gerechten Entwicklung und demokratischer Werte ist heute ernstlich bedroht, während sich die neoliberalen Eliten des Kontinents selbstvergessen in den modernen Versailles scharen: Davos, die Yachthäfen, die geschützten Wohnsitze ...

Diejenigen, die ein Europa mit expansiver Fiskal- und einer mutigen, unorthodoxen Geldpolitik wollen, ein Europa, das beherzt mit dem Rest der Welt um Wirtschaftswachstum, Menschen und High-Tech-Kompetenz konkurriert, müssen sich fragen: Was, wenn es nicht dazu kommt? Die Autoren dieses Buches erläutern die logischen Schlussfolgerungen: Austritt, Auseinanderbrechen und Rekonstitution sozialer Gerechtigkeitsprojekte innerhalb der Nationalstaaten und kleinerer Allianzen von Nationalstaaten.

Niemand will eine Rückkehr in die 1930er Jahre; doch wenn, wie ich vermute, die Konkurrenzphase um den Austritt aus der Krise von 2008 begonnen hat, dann ist die Lehre aus den 1930er Jahren, dass die Nachzügler auch die Verlierer sein werden. Europa hatte sieben Jahre Zeit, um die Lehman-Krise mithilfe der alten Regeln und Methoden zu überwinden, und ist daran gescheitert. Es muss sich nun entweder vereinigen und im Wettbewerb behaupten oder auseinanderbrechen. Seine eigene Bevölkerung wird diese Kombination von wirtschaftlicher Stagnation und politischer Kraftlosigkeit nicht mehr viel länger dulden.

I. Die Europäische Währungsunion rutscht tiefer in die Krise[1]

Europa erlebt seit der großen Finanzkrise, die 2007 begann, turbulente Zeiten, und die Krise ist beileibe noch nicht vorbei. Der Kontinent, Deutschland eingeschlossen, wurde von globaler Kreditkontraktion und einem schrumpfenden Welthandel arg gebeutelt. Die eigentliche Krise Europas begann jedoch danach, in den Jahren 2009 und 2010, als die Bankenrettung und die Rezession die staatlichen Defizite aufblähte und die Kapitalmärkte Euroland in gewaltige Turbulenzen stürzten.

In der Anfangsphase schlug die Krise der Eurozone besonders heftig in den Peripherieländern zu, vor allem in Griechenland, Portugal, Spanien und Irland. Diese Länder wurden praktisch von den globalen Finanzmärkten abgeschnitten und schlitterten in eine tiefe Rezession. Griechenland war das erste betroffene Land und zollte, wie sich bald herausstellte, auch den schwersten Tribut. Noch 2010 sahen viele Beobachter die Turbulenzen in erster Linie als Krise Griechenlands, vor allem aufgrund des Ausmaßes seiner Staatsverschuldung und seiner Leistungsbilanzdefizite. Und in der Tat, Griechenland leidet an besonders gravierenden Problemen, die in den letzten Kapiteln dieser Studie eingehend erörtert werden. Fünf Jahre später ist jedoch unbestreitbar, dass im Kern in der Europäischen Währungsunion ein weit tieferer Konflikt gärt: der zwischen Deutschland und seinen großen Nachbarn. Weil Frankreich und Italien in einer Überbewertung ihrer realen Wechselkurse gefangen sind – was, wie wir im Detail zeigen, einen Verlust ihrer Wettbewerbsfähigkeit aufgrund des deutschen Lohndumpings widerspiegelt –, sind die Aussichten für das Überleben der Europäischen Währungsunion und der Europäischen Union zugleich düster.

Wie die EU-Behörden auf die Krise reagierten, sagt viel über das Wesen der Europäischen Union selbst aus. Nach einer anfänglichen Phase der Verwirrung, in der die Schuld direkt bei der hohen Staatsverschuldung der Peripherieländer gesucht wurde (mit besonders großer Gehässigkeit gegen Griechenland), wurde klar, dass der Kern der Währungsunion selbst in Gefahr war. Nach und nach wurde eine politische Reaktion in Form von »Rettungsmaßnahmen« formuliert, die sich an den Interventionen des Internationalen Währungsfonds (IWF) früherer Jahre auf der ganzen Welt sowie an der neoliberalen Wirtschaftslehre orientierte, die das Denken in der Europäischen Union beherrscht. Die Reaktion hatte fünf grundlegende Komponenten:

1. Die Banken erhielten Liquidität von der Europäischen Zentralbank, um einen Bankenkollaps zu verhindern.
2. Die Peripheriestaaten erhielten Notkredite, um ihren Bankrott zu verhindern, aber auch, um sicherzustellen, dass einzelne Länder in der Lage blieben, Kapital in ihre nationalen Bankensysteme zu schießen.
3. Den Peripherieländern wurde eine Sparpolitik aufgezwungen, um ihre öffentlichen Finanzen zu stabilisieren und ihre Staatsverschuldung zu senken.
4. Deregulierung und Privatisierung wurden angeregt, um die Löhne zu senken (»die Wettbewerbsfähigkeit zu verbessern«) und privates Kapital zu mobilisieren in der Hoffnung, so das Wirtschaftswachstum zu stimulieren.
5. Strenge Regeln wurden in den EU-Verträgen verankert, um Haushaltsdisziplin sicherzustellen. Einige kleinere Schritte wurden in Richtung einer Bankenunion unternommen.

Im Lauf der Zeit hat sich gezeigt, dass die Reaktion der EU eine durchgreifende konservative Restrukturierung der Europäischen Währungsunion und die Konsolidierung zutiefst problematischer Wirtschafts- und Machtbeziehungen in Europa bewirkt hat. Dennoch wurde die Beseitigung des fundamentalen Mangels der Währungsunion im Herzen der europäischen Krise, nämlich die in hohem Maß durch die deutsche Politik der Lohnmoderation verursachte Divergenz der Lohnstückkosten, weder wirkungsvoll noch gerecht in Angriff genommen. Die Last der Anpassung wurde weitgehend zuerst auf die Peripherieländer und zunehmend auf die Defizitländer des Kerns der Eurogruppe verschoben. 2014 befanden sich Frankreich und Italien, die sich beide weitgehend an die Regeln hielten und aufgrund der deflationären deutschen Politik an Wettbewerbsfähigkeit einbüßten, in einer außerordentlich schwierigen Lage.

Der auf die Kernländer ausgeübte Spardruck war dort zwar nie so hart wie bei den Peripherieländern, allerdings reichte er aus, um die gesamtwirtschaftliche Nachfrage zu schwächen und die Einkommen zu drücken, was die Wirtschaftsleistung schmälerte. Mit einer weniger strengen Sparpolitik, einer »Austerität light«, kann es jedoch nicht gelingen, den Verlust an Wettbewerbsfähigkeit wettzumachen, daher blieb die Wirtschaftsleistung beider Länder kläglich, und sie verloren gegenüber Deutschland weiter an Boden. Aber gleichzeitig wäre das Durchsetzen einer Sparpolitik im Ausmaß der Peripherieländer ein beängstigender Ausblick sowohl für Frankreich wie für Italien. Weitere Austerität und Lohnkürzungen würden zu einer noch tieferen Rezession der gesamten Eurozone führen. Das aber würde den Parteien der extremen Rechten neuen Aufwind geben. Kurz, der Kern der Eurozone steckt in einer Sackgasse von historischen Ausmaßen[2].

Deutschland wurde durch die Krise der Eurozone gestärkt, es wurde zum dominanten Exportland und wichtigstem Kapitalgeber des Kontinents. Es hat Frankreich in den Schatten gestellt und verfügt in der EU nun über eine beispiellose politische Macht. Doch Deutschlands gegenwärtig so mächtige Position steht auf tönernen Füßen. Die Politik der systematischen Deckelung von Lohnzuwächsen hat dem Land innerhalb der Währungsunion einen gewaltigen Wettbewerbsvorteil verschafft, weil die Abwertung von Währungen nicht mehr möglich war. Die Lohnzurückhaltung hat aber auch zu einer dauerhaft niedrigen Inlandsnachfrage geführt. Deutschland hat sich dadurch in eine riesige Exportmaschine verwandelt, die Nachfrage von der ganzen Welt absaugt, während seine Binnenwirtschaft sehr schwach läuft. Das ist eine sehr dünne Wachstumsgrundlage, wie sich an der schwachen Wirtschaftsleistung Deutschlands zwischen 2011 und 2014 gezeigt hat.

Mehr noch, durch die »Strukturreformen« hat sich die Europäische Währungsunion in einen Mechanismus zur Förderung von Rezession, hoher Arbeitslosigkeit und niedrigen Wachstumsraten in ganz Europa verwandelt. Das Diktat der Troika schmälerte die nationale Souveränität der Mitgliedsländer der EWU und untergrub die Demokratie. Deutschland dominiert die EU, aber die von Deutschland verordnete Politik und die neuen institutionellen Strukturen haben den Geist des »vereinten Europa« zerstört und in mehreren Ländern zu heftigen sozialen und politischen Spannungen geführt. Heute ist die Union wahrscheinlich schwächer als zu irgendeinem anderen Zeitpunkt ihrer Geschichte.

II. Die theoretische Begründung für die Währungsunion

Anfang 2015 besteht kaum ein Zweifel, dass die Krise der Europäischen Wirtschafts- und Währungsunion (EWU) nicht vorüber ist. Trotz einiger Anzeichen der Besserung wie sinkende Zinsdifferenzen zu deutschen Staatsanleihen und eine Bodenbildung der tiefen Rezession der vorangehenden Phase ist alles andere als sicher, dass es der Währungsunion gelingen wird, diese Krise mit einer unverminderten Zahl von Mitgliedern zu überstehen. Unorthodoxe Maßnahmen der Europäischen Zentralbank, besonders das Versprechen Mario Draghis von 2012, zu unternehmen, »was immer nötig ist«, um das Währungssystem zu stabilisieren, haben die Finanzmärkte erst einmal beruhigt und der Wirtschaftspolitik Raum für Stabilisierungsmaßnahmen verschafft.

Die Mehrheit der politischen Akteure jedoch, namentlich in den großen Ländern der Eurozone und insbesondere denjenigen mit Überschüssen, ringt noch immer um angemessene Antworten auf die Herausforderungen, die sich durch das plötzliche Auftauchen riesiger Klüfte und Divergenzen in einem ehemals homogenen Währungssystem stellen. Der politische Diskurs wird von dem Bestreben beherrscht, die Defizitländer davon zu überzeugen, weiter dem Pfad zu folgen, den die Überschussländer vorgezeichnet haben. Weder die offensichtliche Erkenntnis, dass es ein Trugschluss der Politik ist, dass alle Länder zusammengenommen wiederholen können, was vielleicht einem einzelnen Land gelingen mag, noch die Gefahr, die gesamte Eurozone in eine Deflation zu treiben, vermochten bisher den dicken Panzer politischer Vorurteile zu durchdringen, der seit Beginn der Krise eine vernünftige und konstruktive politische Debatte unter den Mitgliedsstaaten verhindert hat.

Dennoch scheint auf der Ebene der europäischen Institutionen das Bewusstsein zu wachsen, dass radikale Veränderungen nötig sind, um das System widerstandsfähiger zu machen. Und selbst jenseits der traditionellen Besessenheit in punkto Haushaltsdefizite und Staatsschulden ist die Einrichtung eines Frühwarnmechanismus zur möglichen Behebung des Kernproblems sehr schnell vorangekommen. Die Einführung eines Verfahrens, um gesamtwirtschaftlichen Ungleichgewichten zu begegnen (das sogenannte Makroökonomische Ungleichgewichtsverfahren) zielt darauf, die aktuelle und voraussichtliche Entwicklung der Leistungsbilanzen ins Blickfeld zu rücken und die Mitgliedsstaaten zu einem ausgeglichenen Handel anzuhalten – ein Mechanismus, der immerhin gewisse Fortschritte bei der entscheidenden Frage signalisiert, nämlich, dass ein Währungssystem vor allem die Koordination der Preis- und Lohnentwicklung erfordert.

1. Der Vorteil währungspolitischer Zusammenarbeit

Die Währungsunion in Europa war, wie wir an anderer Stelle argumentiert haben, nicht notwendigerweise von vornherein eine schlechte Idee.[3] Wenn sie, wie es wahrscheinlich ist, in der Zukunft scheitert, so wird sich darin, erstens, der Mangel an solider ökonomischer Fundierung der politisch motivierten Entscheidung zur Beschleunigung der europäischen Integration spiegeln sowie, zweitens, die Herausbildung starker wirtschaftlicher und gesellschaftlicher Interessen in den Kernländern – besonders in Deutschland –, die dafür gesorgt haben, dass die Währungsunion auf einem immer rigideren Kurs ins Desaster steuert.

Die Einführung der Währungsunion lässt sich als letzter Schritt auf dem Weg zu dauerhafter Wechselkursstabilität betrachten, nach einer langen Phase, in der die Mitglieder ihres Vorläufers, des Europäischen Währungssystems (EWS), bestrebt waren, ein System fester Kurse mit kontrollierter Schwankungsbreite aufrechtzuerhalten. Als das nach dem Zweiten Weltkrieg geschaffene Bretton-Woods-System mit festen Wechselkursbandbreiten und dem Dollar als Ankerwährung zwischen 1971 und 1973 zusammenbrach, wollten viele kleinere Länder auf der ganzen Welt aus guten Gründen ein System völlig freier, allein vom Markt bestimmter Wechselkurse vermeiden. Für kleinere europäische Länder war die währungspolitische Zusammenarbeit ein wichtiger Weg, um nicht den Launen von Finanzmarktspekulationen zum Opfer zu fallen und die in solchen Fällen üblichen strengen Auflagen (»Konditionalität«) von »Rettungspaketen« der internationalen Organisationen des Washingtoner Konsenses erdulden zu müssen. Die meisten europäischen Länder, besonders die kleineren, verstanden rasch, dass für sie währungspolitische Unabhängigkeit nicht notwendigerweise von Vorteil war. Sie erkannten, dass es in der Währungspolitik für kleine, offene Volkswirtschaften eine optimale Lösung sein konnte, sich die Hände zu binden.

Optimale Währungsräume

Die wissenschaftlichen Bemühungen seit den 1960er Jahren, Kriterien für optimale Währungsräume (Optimum Currency Areas) zu definieren, sind erfolglos geblieben. Das Argument für optimale Währungsräume, das solche Theorien generell ins Feld führen, gälte nur, wenn es für kleine, offene Volkswirtschaften zu festen Wechselkursen eine gangbare Alternative in Form frei flottierender Wechselkurse gäbe. Aber in Wirklichkeit gibt es keine solche Option. Währungspolitische Autonomie, das heißt das Versprechen frei schwankender Kurse, ist eine theoretische Fiktion, was viele europäische Länder schon lange vor Erfindung des Euros verstanden. Marktbestimmte Wechselkurse neigen dazu, den fairen Wert – oder Gleichgewichtswert – einer Währung, wie durch die Kaufkraftparität oder die ungedeckten Zinsparität bestimmt, zu über- oder unterbieten. Schlimmer noch, marktbestimmte Wechselkurse bewegen sich über ausgedehnte Zeiträume hinweg häufig in die falsche Richtung, was meist die Folge von Währungsspekulationen zur Ausnutzung von Zinsunterschieden (»Carry Trade«) ist.[4] Länder mit relativ hoher Inflationsrate und gleichzeitig relativ hohen Zinsen werden tendenziell vom Zustrom kurzfristiger Anlagen überschwemmt, was den Wechselkurs ihrer Währungen real nach oben treibt. Das untergräbt den absoluten und komparativen Vorteil im internationalen Handel und verzerrt die Produktionsstruktur zwischen handelbaren und nicht handelbaren Gütern. Unter solchen Umständen ist die formale währungspolitische Autonomie eine leere Hülse.

Bei extrem volatilen Wechselkursen besitzen kleine, offene Volkswirtschaften keine Währungsautonomie, weil ihre Währungsbehörden gezwungen sind, auf den Druck der Devisenmärkte zu reagieren. Einer formellen Zentralbankautonomie (das heißt dem fehlenden Zwang zur Intervention) fehlt die materielle Basis.[5] Offenkundig müssen Länder unter dieser Beschränkung mit anderen zusammenarbeiten, um ein hinreichendes Maß an Wechselkursstabilität zu erreichen, ihre Wettbewerbsfähigkeit zu bewahren und ausgewogene Handelsbeziehungen zu pflegen. Aus der Perspektive dieser Länder ist die Bewertung ihrer Währung einfach zu wichtig, um sie dem Markt zu überlassen.

Ohne Kooperation wären Konflikte unvermeidlich, da sich eine Veränderung des Umtauschkurses einer Währung immer auf ein anderes Land auswirkt. Für *n* Länder auf der Welt als Ganzes gibt es immer *n-1* Wechselkurse. Folglich ist die entscheidende Frage nicht die nach der Notwendigkeit einer internationalen Währungskooperation, die offenkundig ist, sondern die nach den gangbaren Formen der Kooperation. Die europäische Währungskooperation entwickelte sich in recht kleinen Schritten im Verlauf von 30 Jahren, bevor sie 1999 in der vollständigen Vereinigung der Währungsunion gipfelte.

Alle traditionellen Formen internationaler Währungskooperation – jenseits einer ausgewachsenen Währungsunion – machen es erforderlich, dass eines der Mitgliedsländer als Anker des Systems dient. Andere Länder passen ihre Politik dann in Bezug auf das Ankerland an. Eine erfolgreiche Währungskooperation, die darauf zielt, den Manövrierraum der Wirtschaftspolitik in einer Region als Ganzes zu erweitern, müsste mindestens einen Staat enthalten, der in Krisenzeiten als letzte Zuflucht für Darlehen oder Bürgschaften, als letztinstanzlicher Kreditgarant (lender of last resort) auftreten könnte. Diese Notwendigkeit erwächst aus der Asymmetrie in den Beziehungen zwischen jenen Ländern, deren Währungen von Abwertung bedroht sind, und denjenigen, die unter Aufwertungsdruck stehen. Staaten, die eine Abwertung ihrer Währung verhindern (oder an einem bestimmten Punkt aufhalten) möchten, müssen am Devisenmarkt intervenieren. Das bedeutet, dass ihre Notenbanken die Nachfrage nach ihrem eigenen Geld erhöhen müssen, indem sie mit ihren Devisenreserven Stützungskäufe vornehmen. Da solche Reserven immer begrenzt sind, bieten von Abwertung bedrohte Länder eine offene Flanke für spekulative Angriffe auf ihre Währung. Der einzige Weg zur Abwehr solcher Angriffe ist dann eine Kooperation mit der »anderen Seite«, das heißt mit Ländern, die aufwertende Währungen haben.

In Europa war Deutschland der offensichtliche Kandidat als Anker für eine regionale währungspolitische Zusammenarbeit. Über mehrere Jahrzehnte hinweg war es der Maßstab in Sachen Preisstabilität, was sich zum Beispiel besonders daran zeigte, wie sanft es den Inflationsdruck durch die beiden Ölpreisschocks der 1970er Jahre abfing. Als Folge der niedrigen Inflation geriet die Deutsche Mark nie unter Abwertungsdruck, sondern neigte stets zur Aufwertung. Folglich fiel der D-Mark aus guten Gründen die Rolle der europäischen Ankerwährung zu.

Einige kleinere Länder waren in der Lage, die stabil niedrige deutsche Inflationsrate zu kopieren und auf diese Weise ohne Verlust ihrer allgemeinen Wettbewerbsfähigkeit für stabile Wechselkurse zu sorgen. Österreich war ein beeindruckendes Beispiel dafür. Die meisten größeren europäischen Volkswirtschaften jedoch mussten ein ums andere Mal eine Abwertung gegenüber der D-Mark hinnehmen, um inländische Inflationsschübe zu kompensieren. Dies galt insbesondere für Frankreich und Italien, zumindest bis Mitte der 1980er Jahre. Die Ankerrolle erwies sich als erfolgreich hinsichtlich des effektiven Drucks auf die inländische Inflation, solange Wechselkursanpassungen eine Option blieben, um untragbare Wettbewerbsverhältnisse zwischen einzelnen Ländern zu bereinigen.

In der Endphase des Europäischen Währungssystems vor Einführung der Europäischen Währungsunion, also etwa von 1980 bis zum Ende des Jahrhunderts, galten feste Wechselkurse in Europa als probates Mittel zur Förderung eines einheitlichen europäischen Binnenmarkts. Zudem wurde Westdeutschland mit seiner stabilen Wirtschaftsleistung und seiner ausgeprägt dogmatischen Haltung zur Inflation zunehmend zum Vorbild für andere Länder. Der politische Wille, eine ähnliche Wirtschafts- und Währungspolitik zu verfolgen wie Deutschland, prägte zu großen Teilen die währungspolitische Debatte in Europa.

Die Währungsunion und ihre sequenzielle Logik

Das entscheidende wirtschaftliche Argument für die Krönung der regionalen Währungskooperation durch eine Währungsunion wurde nie angemessen gewürdigt. In einem System mehrerer Währungen mit einer Ankerwährung ist eine Einigung über die Wirtschafts- und Geldpolitik nicht gleichbedeutend mit einer optimalen Lösung für alle Mitgliedsstaaten. Die Politik des Ankerstaats ist, selbst wenn sie für die im Land selbst herrschenden Bedingungen optimal wäre, nicht notwendigerweise die denkbar beste Politik für die Gruppe als Ganzes. Das würde auch noch gelten, wenn unter den am System fester Wechselkurse beteiligten Länder Konsens hinsichtlich des Inflationsziels bestünde.

Tatsächlich war dies das Hauptproblem des Bretton-Woods-Systems während der 1950er und 60er Jahre, als der US-Dollar als Ankerwährung des globalen Wechselkurssystems mit festen, aber anpassbaren Umtauschkursen diente. Die Entscheidungen der US-Notenbanksystems (damals de facto die globale Zentralbank) berücksichtigten üblicherweise nur die wirtschaftlichen

Bedingungen in den Vereinigten Staaten, nicht die Erfordernisse des Systems als Ganzes.

In ähnlicher Weise akzeptierte Deutschland seine Rolle als Anker des Europäischen Währungssystems, fällte seine Entscheidungen über die Geld- und Währungspolitik einschließlich der Zinssätze jedoch nie mit Blick auf die Erfordernisse des ganzen Systems. Mit dieser politischen Haltung wurde Deutschland seiner Rolle eindeutig nicht gerecht. So war auf lange Sicht die einzige angemessene politische Option für die regionale Währungsstabilität die Bildung einer Währungsunion. Nur in einem wahrhaft multilateralen Währungssystem würden alle Länder in der Lage sein, voll an der Entscheidungsfindung über die Geld- und Währungspolitik teilzunehmen, die dann Rücksicht auf die wirtschaftlichen Bedingungen der gesamten Region nehmen konnte. Nichts außer einer Währungsunion konnte ein systemisches Missmanagement der Geld- und Währungspolitik in einer Region, deren Länder sich über die Stabilisierung des inneren wie des äußeren Werts ihres Geldes einigten, verhindern. So war in Europa der Schritt zur Schaffung der Europäischen Währungsunion weit mehr als der bloße Versuch der französischen Regierung, eine politische Vorherrschaft Deutschlands zu verhindern, wie häufig behauptet wird. Vielmehr war er von einem ökonomischen Standpunkt aus völlig gerechtfertigt angesichts der Tatsache, dass Deutschland als Anker des Europäischen Währungssystems selbst nicht die Voraussetzungen für eine wahrhaft europäische Geld- und Währungspolitik schaffen konnte.

Für sehr kleine, sehr offene Volkswirtschaften konnte eine Ankerwährung für recht lange Zeit funktionieren, sofern die

Wirtschaftspolitik des Ankerlands die kleinen Satelliten des Systems mit wohlwollender Gleichgültigkeit behandelte. Doch für jede größere Gruppe von Ländern und für Länder von ähnlicher Größe und Wirtschaftskraft konnte der Ankeransatz nur als Übergangsphase auf dem Weg zu einer vollen Währungsunion betrachtet werden. Der einzige Weg, um für die Gruppe als Ganzes eine konsistente Geld- und Währungspolitik sicherzustellen, war die Schaffung einer gemeinsamen Zentralbank. Es muss jedoch betont werden, dass eine solche Übergangsphase sehr lange dauern kann, wie es dann auch der Fall war: Von den ersten Schritten zur Umsetzung dieser logischen und folgerichtigen Idee bis zur Errichtung der Europäischen Währungsunion brauchte Europa 30 Jahre.

Aus globaler Perspektive verschaffte der vom starken Willen zur politischen Koordination getragene Schritt hin zu einer europäischen Währungsunion ein enormes Maß an Unabhängigkeit gegenüber dem Rest der Welt, den internationalen Finanzmärkten und den internationalen Finanzorganisationen. Mit einem Anker, der stark und stabil genug war, um auch schweren internationalen Stürmen zu trotzen, war die Gruppe in der Lage, starke äußere Schocks abzuwehren. Kein einziges Land der Europäischen Währungsunion musste vor Ausbruch der Krise von 2010 den Internationalen Währungsfond zu Hilfe rufen, um Probleme mit Wechselkursverzerrungen und/oder einer internationalen Liquiditätsverknappung in den Griff zu bekommen.

Zu guter Letzt verdient es Erwähnung, dass die Kontrolle über eine Weltwährung einen Zuwachs an internationaler politischer Macht mit sich bringt, was im Fall des Euro und aufgrund seiner Gläubigerposition in erster Linie deutsche Macht bedeutet. Es sollte betont werden, dass die Europäische Währungsunion ursprünglich kein Plan zur Beförderung des Aufstiegs Deutschlands war, sondern vielmehr eine formelle, auf Verträge gestützte Allianz, die Rechte und

Pflichten ihrer Mitgliedsstaaten festlegte und sich stark auf den europäischen Gedanken stützte. Dennoch führte der Euro, aus Gründen, die unten deutlich werden, zu einer Dominanz Deutschlands, das sich – nach der globalen Finanzkrise – wegen seiner Gläubigerrolle als das in Wirtschafts- und Sozialpolitik tonangebende Land Europas herausschälte. Allerdings, daran kann kein Zweifel bestehen, wird das Aufeinanderprallen von Gläubigern und Schuldnern innerhalb der Eurozone früher oder später Deutschlands Vorrangstellung wieder zerstören.

2. Die monetären Kernprinzipien der Europäischen Währungsunion

Eine Währungsunion ist zuallererst eine Vereinigung von Staaten, die bereit sind, ihre eigene Landeswährung zum Zweck der Schaffung einer gemeinsamen Währung abzuschaffen. Eine nationale Währung aufzugeben bedeutet, das Recht der nationalen Behörden preiszugeben, Münzen zu prägen und Banknoten zu drucken und auf diese Weise eine nationale Papierwährung (Fiatgeld) zu schaffen. Jede Entscheidung hinsichtlich der Geldemission wird an eine supranationale Institution delegiert. Die Entscheidungsorgane dieser Institution werden so ausgelegt, dass sie die Zusammensetzung der Mitglieder reflektieren, doch kein einzelnes Land verfügt in diesen Gremien über eine Mehrheit. Die nationalen Zentralbanken bestehen in der Europäischen Währungsunion zwar weiter, haben aber die Macht zur Festlegung der Geld- und Währungspolitik und alle damit verbundenen Entscheidungen in vollem Umfang an die Europäische Notenbank und ihren Zentralbankrat abgetreten.

In eine Währungsunion einzutreten bedeutet auch, nationale Inflationsziele aufzugeben und sich auf ein gemeinsames Inflationsziel für die Union als Ganzes zu einigen. In den

Jahren vor Einführung der Europäischen Währungsunion hatte die Deutsche Bundesbank, der Anker des Europäischen Währungssystems und das Vorbild für die Europäische Zentralbank (EZB), den Monetarismus, oder die sogenannte Geldmengentheorie, zu ihrer maßgeblichen monetären Doktrin erhoben. Der Monetarismus glaubt fest daran, dass die (gemeinsame) Zentralbank jederzeit in der Lage ist, die Inflation durch Steuerung der Geldmenge in der gesamten Union im Zaum zu halten und dass wegen des Verlustes der Kontrolle über die Geldmenge auf der nationalen Ebene kein Inflationsgefälle zwischen den Mitgliedsländern auftreten werden. Diesem theoretischen Grundsatz folgend, galt die von der EZB über die Geldmenge ausgeübte Kontrolle als ausreichend, um die tatsächliche Inflationsrate in der Europäischen Wirtschafts- und Währungsunion in der Nähe des von der EZB festgesetzten Inflationsziels zu halten.

Selbst aus dieser fragwürdigen theoretischen Perspektive haben öffentliche Haushaltsdefizite, das mittlerweile am heftigsten umstrittene Thema der politischen Debatte in der Union, keinen Einfluss auf die Inflation der Währungszone, da keine systemische Beziehung zwischen der Höhe des Budgetdefizits und der Inflationsrate besteht. Für Monetaristen kann die Geldpolitik ganz unabhängig davon, wie groß das Haushaltsdefizit eines Landes ist, ihr Inflationsziel immer erreichen, indem sie sich strikt an die »objektiven« Regeln hält, denen die Ausweitung der Geldmenge folgen muss.

Die monetaristische Theorie fußte von Anfang an auf mageren empirischen Belegen. Seit den 1930er Jahren stützt sich das monetaristische Dogma weitgehend auf den Fehlschluss, in die bloße zeitliche Abfolge zweier Ereignisse eine Kausalitätsbeziehung hineinzudeuten, also das vorangehende ohne Weiteres als Ursache des nachfolgenden Ereignisses anzunehmen, was in der Logik *post hoc ergo propter hoc* genannt wird (»danach, also deswegen«). Monetaristen beharren darauf, dass eine inflationäre Beschleunigung ohne mehr Geld nicht möglich ist. Das stimmt natürlich: Ohne eine Ausweitung der Geldmenge kann sich die Inflation nicht beschleunigen. Aber daraus folgt eben nicht, dass jede Geldmengenausweitung zu einer inflationären Beschleunigung führt. Das heißt, die Geldmengenausweitung ist eine *notwendige*, aber keine *hinreichende* Bedingung für beschleunigte Inflation.

Zu Beginn der 1990er Jahre war diese Kernfrage der monetaristischen Politik, das heißt die Fähigkeit der gemeinsamen Zentralbank, die Inflation zu kontrollieren, innerhalb der Europäischen Wirtschafts- und Währungsunion kein Gegenstand großer Kontroversen. Ungeachtet einiger Diskussionen über das notwendige Maß an Unabhängigkeit der Zentralbank stimmte die überwältigende Mehrheit der Länder der Meinung zu, die Kontrolle über die Geldmenge sei ausreichend, um die Inflation im Griff zu behalten. Damit, so die Überzeugung, ließ sich Preisinstabilität vermeiden, und die Europäische Zentralbank (EZB) konnte sich daran machen, die großartige Leistung zu wiederholen, die der Bundesbank in den vorangegangenen 20 Jahren angerechnet wurde.

Im Lauf der Zeit jedoch zeigte die akademische Debatte dem Monetarismus zunehmend die kalte Schulter und wandte sich einem neuen Ansatz der Zentralbanktätigkeit zu, der sich in vieler Hinsicht an den Leistungen des US-amerikanischen Zentralbanksystems (Federal Reserve System) unter seinem Chef Alan Greenspan orientierte. Dies blieb nicht ohne Einfluss auf die EZB, die von Beginn an eine viel offenere und multikulturellere Institution als die Bundesbank war. Angesichts des Mangels an überzeugenden Beweisen für eine klare Beziehung zwischen Preisen und den traditionellen Geldmengenaggregaten wich die EZB nach und nach von der Doktrin der Bundesbank (dem sogenannten Geldmengenpfeiler) ab und wandte sich einem Ansatz zu, bei dem die Zentralbank ausdrücklich handelt, indem sie den kurzfristige Zinssatz im Lichte ihrer Beurteilung der makroökonomischen Entwicklungen festsetzt.

Mit der Zeit aber überlagerten andere neoklassisch-neoliberale Dogmen jedoch auch diesen Ansatz. Sowohl die EZB wie die Europäische Kommission ließen sich in der Phase, die zum Ausbruch der Krise von 2008 führte, eindeutig von neoliberalem Denken leiten. Das ist der Hauptgrund, warum die EZB ebenso wie andere zur Regulierung und zum Schutz der Europäischen Wirtschafts- und Währungsunion gegründete Institutionen in ihrer ersten Dekade im Wesentlichen gescheitert sind. Die Regulierungsbehörden der Union wachten erst aus ihrem geistigen Tiefschlaf auf, als die globale Finanzkrise von 2007 bis 2009 den internationalen Anlegern hinsichtlich der Fähigkeit der peripheren Eurozonenmitglieder zur Rückzahlung der Schulden, die sie in den ersten zehn Jahren der Wirtschafts- und Währungsunion aufgehäuft hatten, einen gehörigen Schreck einjagte.

3. Lohnflexibilität und ihre Folgen

Den klarsten Beweis für die dominante Rolle des neoliberalen Denkens innerhalb der europäischen Institutionen liefert die Arbeitsmarkttheorie, die als eine der tragenden doktrinären Säulen für das Funktionieren des gemeinsamen Marktes und der EU als Ganzes gilt. Der sogenannte Lissabonner Prozess und eine Fülle von Entscheidungen des Europäischen Rates demonstrieren das Festhalten am neoliberalen Denken an der Spitze der Wirtschafts- und Währungsunion. »Arbeitsmarktflexibilität« und »verbesserte Wettbewerbsfähigkeit« waren (und sind in vielen Kreisen bis heute) die Schlagwörter, die den Aufbau des gemeinsamen Marktes und die Bestrebungen zur Schaffung von mehr Wachstum und Arbeitsplätzen leiten.

Es gibt zwar kaum empirische Belege für die Theorie, nach der flexible Arbeitsmärkte automatisch Jobs für alle jene schaffen, die arbeitswillig sind. Die Abwesenheit einschlägiger

Beweise in dieser Frage ist so ausgeprägt wie bei dem anderen fundamentalen Glaubenssatz, der garantierten Unabhängigkeit der Zentralbanken zur Sicherung der Preisstabilität. Hätte man sich von vornehrein an der Empirie orientiert, die ganz anderes zeigt, wäre die Währungsunion und die EU nicht den Finanzmärkten zum Opfer fallen, und die gegenwärtige Sackgasse wäre vermieden worden. Der wichtigste dieser Beweise ist die ausgeprägte und stabile Korrelation zwischen der Zuwachsrate der Lohnstückkosten und der Inflationsrate.

Die Lohnstückkosten sind der entscheidende Faktor für die allgemeinen Preisbewegungen in einer Volkswirtschaft ebenso wie in Gruppen von Volkswirtschaften. Grafik 1 veranschaulicht diese schlichte Tatsache, die im Zentrum aller makroökonomischer Überlegungen stehen sollte, jedoch aus ideologischen Gründen weithin ignoriert wird.

Grafik 1: Zunahme der Lohnstückkosten[6] und Inflation in der EWU (1999–2007)[7]

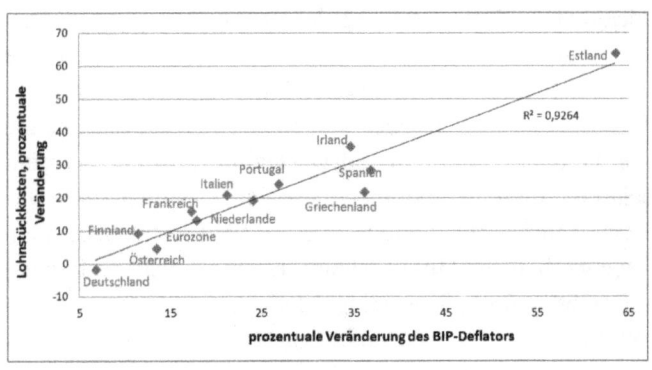

Die Lohnkosten sind die wichtigste Komponente der Gesamtproduktionskosten in der Wirtschaft insgesamt, weil – in einem vertikal integrierten Produktionsprozess – nicht nur die Endverbrauchsgüter, sondern auch Zwischengüter und Kapitalgüter durch die Beschäftigung von Arbeitnehmern produziert werden. Die Lohnstückkosten können als perfektes Instrument zur Vorhersage und Steuerung der Inflation angesehen werden, besonders angesichts des potenziell starken politischen Einflusses, der sich auf die Lohnabschlüsse und die Lohnpolitik im Allgemeinen ausüben lässt. Insbesondere zur Erreichung des gewählten Inflationsziels wäre es notwendig, dass der jeweils nationale Nominallohnzuwachs mit dem nationalen Produktivitätswachstum und dem Inflationsziel in Einklang steht. Erstaunlicherweise führte der doktrinäre Ansatz, den sich die führenden Institutionen der EU zu eigen machten, zu einer ausgeprägten Gleichgültigkeit gegenüber der Lohn- und Lohnstückkostenentwicklung.

Würde die starke Korrelation zwischen Lohnstückkosten und Inflation anerkannt und ins Zentrum der makroökonomischen Analyse gestellt, so würde deutlich werden, dass das Haupterfordernis für eine erfolgreiche Währungsunion nicht die Kontrolle über Währungsangelegenheiten, sondern vielmehr die Steuerung der Einkommens- und Nominallohnentwicklung ist. Genauer gesagt lautet mit Festlegung des gemeinsamen Inflationsziels der Währungsunion durch die EZB auf annähernd zwei Prozent die *goldene Regel*, dass sich der Lohnzuwachs in jeder Volkswirtschaft auf die Summe des nationalen Produktivitätswachstums plus zwei Prozent belaufen sollte. Verfolgt man diese Regel, können große Diskrepanzen bei der Inflation, die zu Wettbewerbsdiskrepanzen zwischen den Mitgliedsländern führen, nicht auftreten.

Es gibt umfangreiche Belege, dass ein System fester Wechselkurse nur ordnungsgemäß funktionieren kann, wenn es Lohnflexibilität gibt, die den Verlust der Wechselkursflexibilität kompensiert.[8] Wenn es eine Lehre aus der Erfahrung mit Systemen fester, aber anpassbarer Wechselkurse zu ziehen gab, dann die, dass Unterschiede zwischen inländischen und ausländischen Kostenniveaus auf Dauer auf jeden Fall durch die Veränderung des Außenwerts der Währungen korrigiert werden müssen (Abwertung des Hochlohnlandes und umgekehrt). Daher spielt in einer Währungsunion die notwendige Anpassung der Löhne und Preise jedes Mitgliedslands eine noch bedeutendere Rolle als in einem System fester Wechselkurse, da keine Möglichkeit zur Änderung des Wechselkurses besteht wie beim Bretton-Woods-System oder dem alten Europäischen Währungssystem.

4. Das Reallohnwachstum bestimmt die Inlandsnachfrage

Ein Lohnpfad gemäß der oben angeführten goldenen Regel hätte den zusätzlichen Vorteil, dass er die Inlandsnachfrage in den Mitgliedsstaaten der Währungsunion stabilisiert. Der Reallohnzuwachs ist der wichtigste Bestimmungsfaktor des Wachstums des Inlandskonsums, daher würde die systematische Anpassung der Nominallöhne mit einer Rate, die dem nationalen Produktivitätswachstum und dem Inflationsziel entspricht, die Reallöhne wie die Produktivität steigen lassen und die Inlandsnachfrage in jedem Land und damit die Nachfrage in der gesamten Union stabilisieren.

Zur Glättung der Auswirkungen unerwarteter und unvorhersehbarer zyklischer Bewegungen in der Produktivität ist es sinnvoll, die Nominallöhne dem Trendwachstum der Produktivität anzupassen (sagen wir, durchschnittliches Wachstum der vergangenen fünf Jahre). Berücksichtigt man das Inflations*ziel* (statt der tatsächlichen Inflationsrate) kann die Inflationsrate und die Nachfrage stabilisiert werden. So ließe sich nämlich vermeiden, dass kurzfristige und einmalige Preisschocks (zum Beispiel ein steiler Anstieg des Ölpreises oder anderer wichtiger Rohstoffe) eine dauerhafte Inflationswirkung entfalten. Wenn sich dagegen solche Schocks in der Lohnanpassung niederschlagen würden, wie es bei rückwärtsgerichteten Indexierungsmechanismen (beispielsweise die in Italien in den 1970er Jahren praktizierte *scala mobile*) der Fall ist, würde der Anstieg der Nominallöhne eine Erhöhung sowohl der Lohnstückkosten als auch der Inflationsrate verursachen und letztendlich eine Straffung der Geldpolitik, das heißt höhere Zinssätze erforderlich machen, die sich dämpfend auf die Nachfrage und die realen Investitionen auswirken.

Wenn systematische Anpassungen gemäß der goldenen Regel erfolgen, können sowohl die einzelnen Volkswirtschaften innerhalb der Wirtschafts- und Währungsunion als auch die Wirtschaft der Union als Ganzes einem stabilen Pfad folgen, der von einem eher stabilen Wachstum des privaten Verbrauchs auf der Basis stabiler und positiver Einkommenserwartungen der Haushalte bestimmt wird (zumindest solange das Produktivitätswachstum aufwärtsgerichtet bleibt). Unter diesen Umständen wäre auch der Außenhandel ausgeglichen, weil die Parallelentwicklung von Lohnstückkosten und Inflationsziel in allen Ländern – unabhängig von ihren nationalen Produktivitätspfaden – auch die Stabilität der realen Wechselkurse bedeutet, also die Stabilität der internationalen Wettbewerbsfähigkeit.

Es liegt auf der Hand, dass ein stabiles Wachstum der Reallöhne im Einklang mit dem Produktivitätswachstum in scharfem Gegensatz zum Vorschlag superflexibler und jederzeit anpassbarer Löhne steht, wie er von der neoklassischen Arbeitsmarktdoktrin vertreten wird. Nach dieser Doktrin kann hohe und zunehmende Arbeitslosigkeit (durch »idiosynkratische Schocks«) nicht behoben werden, wenn die Löhne auf der nationalen Ebene nicht flexibel genug sind, um über längere Zeiträume hinweg hinter der Produktivität zurückzubleiben. Wiederum basiert dieser neoliberale Vorschlag jedoch weder auf Beweisen noch auf Logik: Bei einem stabilen Wachstum des Inlandseinkommens (das durch den gewählten Anpassungspfad der Reallöhne gewährleistet wird), und wenn externe Schocks aufgrund eines Rückgangs der Wettbewerbsfähigkeit ausbleiben, gibt es praktisch keine nationalen idiosynkratischen Schocks und überhaupt keine Notwendigkeit zur Kürzung der Reallöhne.

Tatsächlich bergen allzu flexible Arbeitsmärkte ernste Gefahren. Eine Deflationsfalle entsteht gewöhnlich durch steil ansteigende Arbeitslosigkeit, deren Ursachen nicht mit Arbeitsmarktentwicklungen, etwa einem exzessiven Anstieg der Reallöhne, in Beziehung stehen. Hohe Arbeitslosigkeit als Folge einer Finanzkrise zum Beispiel würde zu einem Abwärtsdruck auf die Löhne und Gesamteinkommen führen, selbst wenn die Löhne und Einkommen bereits vor Ausbruch der Krise gedrückt waren. Die Kombination einer aus solchen Gründen entstehenden Arbeitslosigkeit mit dem Bestreben der Arbeitnehmer, sich »zurück in den Markt zu preisen«, indem sie niedrige Löhne akzeptieren, hätte katastrophale Auswirkungen. Und genau das ist es, was nach der globalen Finanzkrise 2008/2009 geschah.

Inmitten steigender Arbeitslosigkeit und weiterem Druck auf die Löhne erholten sich die Konsumausgaben nicht in der Weise, wie es in früheren Rezessionen zu beobachten war. In den USA und Europa hat die Drosselung der Gesamtnachfrage, die durch die abnehmenden Einkommenserwartungen der unter hoher Arbeitslosigkeit leidenden Haushalte verursacht wurde, die Rezession beziehungsweise Stagnation dramatisch verlängert. Da die Geldpolitik die Zinsen nicht unter null senken kann, ist in so einer prekären Situation die Fiskalpolitik gefordert, um mit einem massiven Stimulationsprogramm dem Niedergang der Gesamtnachfrage entgegenzuwirken. Tatsächlich ist ein Großteil der Deflationstendenz im zeitgenössischen Kapitalismus das Ergebnis eines schlecht funktionierenden Arbeitsmarkts, in dem die Arbeitslosigkeit steil ansteigen kann, ohne dass die Löhne »zu hoch« wären. Die daraus zu ziehende Lehre lautet, dass es für eine konsistente, kritische Ökonomie notwendig ist, sowohl die monetaristische Inflationstheorie wie die neoklassische Arbeitsmarkttheorie komplett über Bord zu werfen.

Der konservative Weg, der brutalen Logik einer Destabilisierung des Arbeitsmarkts auszuweichen, besteht in der Hoffnung auf eine verbesserte Wettbewerbsfähigkeit der Wirtschaft insgesamt und folglich auf höhere Exporte (oder geringere Importe). Tatsächlich könnte das eine Lösung sein, wenn Lohnkürzungen die ausländische Nachfrage stärker stimulieren, als sie die Inlandsnachfrage drosseln. Diese Bedingungen gelten aber nur für einen paradoxen Fall wie Irland. Angesichts eines Exportanteils von über 100 Prozent am Bruttoinlandsprodukt hat dort der positive Effekt von Lohnkürzungen auf die Leistungsbilanz den negativen Effekt auf die Inlandsnachfrage mehr als ausgeglichen. Irland ist jedoch eine Ausnahme und kaum relevant für normale Wirtschaften oder große Gruppen von Ländern.

5. Reale oder nominelle Konvergenz?

Häufig wird argumentiert, dass Länder mit einem sehr unterschiedlichen Wohlstandsniveau keine Währungsunion bilden sollten. Ärmere Länder werden von vielen Beobachtern für unfähig gehalten, mit reicheren zu konkurrieren, sodass sie sich nicht auf einen Wettlauf um Wettbewerbsfähigkeit mit ihnen einlassen sollten. Dieses Argument ist jedoch nicht überzeugend.

Der analytische Dreh- und Angelpunkt ist, dass in jedem Land alle Gruppen von Akteuren sich mit ihren Einkommensvorstellungen nach der Decke strecken müssen, also an das in diesem Land produzierte Gesamteinkommen. Kein Land kann langfristig mehr konsumieren, als es produziert. Deshalb sind in einer normal funktionierenden Wirtschaft bei einem bestimmten Niveau des Gesamteinkommens die Forderungen einer Gruppe, einschließlich der Arbeiter, gegen die Forderungen einer anderen Gruppe ausbalanciert. In einer Volkswirtschaft, in der es diese Balance nicht gibt, führt der Konflikt über die Einkommensverteilung schließlich zu Inflationserhöhungen und sogar Inflationsspiralen. Kann man das vermeiden, spiegeln das Lohnniveau und die Gewinne exakt das Reichtums- und Wohlstandsniveau dieser Volkswirtschaft wider, in beiden kommt letztlich die nationale Produktivität zum Ausdruck. Folglich sind niedrige Löhne in den ärmeren Ländern das Ergebnis niedriger Produktivität, und umgekehrt in den reichen Ländern.

Daraus aber folgt, dass das Niveau der nominellen Lohnstückkosten in einem armen und einem reichen Land dasselbe sein wird, sofern in beiden Ländern ein größerer Konflikt hinsichtlich der Einkommensverteilung und Inflation vermieden werden kann. Folglich besteht kein Risiko großer Handelsungleichgewichte infolge eines unterschiedlichen Wohlstandsniveaus, solange einige Mindestanforderungen hinsichtlich der Handelsstruktur und der Produktstruktur für beide Länder erfüllt sind, was eine gewisse Überlappung der Struktur der in beiden Ländern produzierten Güter bedeutet. Das war bei den europäischen Ländern, die langwährende und offene Handelsbeziehungen unterhielten, bevor sie die Währungsunion bildeten, eindeutig der Fall.

Insgesamt besteht kein Grund, warum es sowohl für arme wie für reiche Länder nicht möglich sein sollte, das Wachstum der Lohnstückkosten in der Volkswirtschaft als Ganzes so zu steuern, dass es dem einem gemeinsam gesetzten Inflationsziel entspricht. Das lässt sich leicht für Frankreich und Deutschland in Grafik 2 unten veranschaulichen. Beide Länder hatten exakt den gleichen Startpunkt hinsichtlich ihrer absoluten Produktivität und Nominallöhne pro Stunde. Mit der Zeit jedoch wuchsen die Nominallöhne und (in diesem Fall die nominale) Produktivität in Frankreich stärker und brachten das Land verglichen mit Deutschland in erhebliche Schwierigkeiten, obwohl die französischen Löhne einem vernünftigen Wachstumspfad folgten, der nie die goldene Regel für die Zunahme der Lohnstückkosten in der Währungsunion verletzte:

Grafik 2: Nominallöhne[9] und nominale Produktivität[10]

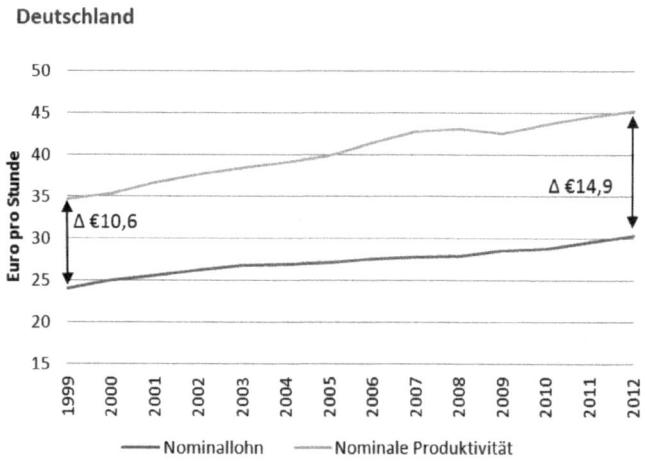

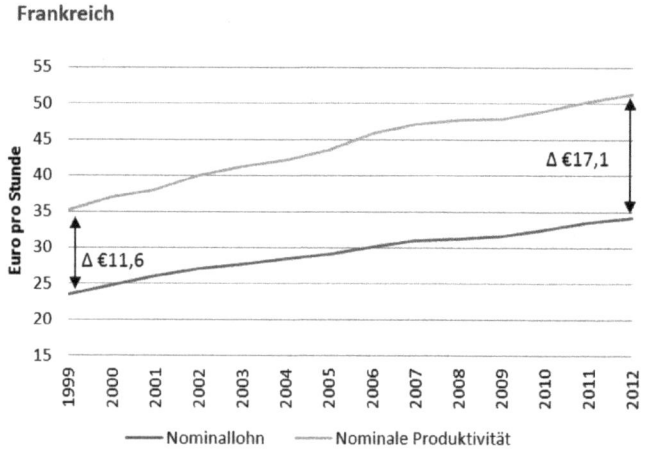

Die Logik der Währungsunion verlangt, dass die Mitgliedsstaaten das gemeinsame Inflationsziel akzeptieren und das externe Gleichgewicht erhalten, indem sie die Löhne an die nationale Produktivität anpassen. Für jedes Land bedeutet dies, sich strikt an seinen *eigenen* Produktivitätspfad und sein *eigenes* wirtschaftliches Potenzial anzupassen. Länder, die »über ihre Verhältnisse leben«, sind ebenso problematisch wie solche, die »unter ihren Verhältnissen leben«. Die Anforderung, »seinen Verhältnissen gemäß zu leben«, ist ebenso vordringlich wie das Erfordernis, sich beim Eintritt in die Währungsunion auf Freihandel zu verpflichten, denn jede Maßnahme zum Schutz heimischer Produkte durch Errichtung von Handelsschranken oder Subventionierung von Exporten ist in einem gemeinsamen Markt streng verboten. Kurz, wenn es keinen Mechanismus gibt, der eine »Abwertung« des nationalen realen Wechselkurses durch Unterlaufen des Inflationsziels vermittels »Lohnmäßigung« vermeidet, ist das gesamte Rahmenwerk von Regeln und Regulierungen, das die Währungsunion umgibt, völlig nutzlos.

III. Deutschland als Auslöser der Eurozonenkrise

1. Deutscher Druck auf die Löhne ...

Die Vorbereitungen auf die Währungsunion waren äußerst mangelhaft, da sich die politische Debatte und die Entscheidungsfindung in den Jahren bis 1997 – dem Stichjahr, bis zu dem die Kriterien für einen Eintritt erfüllt sein mussten – tatsächlich auf die Fiskalpolitik konzentrierten, statt die Folgen einer Währungsunion im Detail zu erörtern und die notwendigen Institutionen zu schaffen, um eine solche Union erfolgreich zu betreiben. Besondere Betonung wurde darauf gelegt, die Haushaltsdefizite des öffentlichen Sektors auf drei Prozent des Bruttoinlandsprodukts zu begrenzen, während die Notwendigkeit, Inflationsgefälle zu vermeiden und die Fähigkeit der Mitgliedsstaaten zu garantieren, sich mit der Zeit an das gemeinsame Inflationsziel zu halten, als Probleme von weit geringerer Bedeutung für das reibungslose Funktionieren der Wirtschafts- und Währungsunion betrachtet wurden. Deutschland mit seiner absoluten Intoleranz gegenüber einer Inflation von mehr als zwei Prozent und seiner dogmatischen, monetaristischen Tradition brachte jede abweichende Meinung zur Inflation zum Schweigen.

Es besteht kaum ein Zweifel, dass die besessene Fixierung der Währungsunion auf Fiskalziele eine unmittelbare Folge des Kampfes zwischen Staat und Markt ist, der einen Großteil der ideologischen Debatte in den 30 Jahren nach dem Ende des Bretton-Woods-Regimes beherrschte. Es gibt jedoch keine direkte Beziehung zwischen Staatshaushalten und dem Inflationsziel (weder empirisch noch theoretisch), und jegliche plausible indirekte Verbindung wäre wahrlich ziemlich schwach. Denn weder das gegenwärtige Haushaltsdefizit noch der Umfang der öffentlichen Schulden haben eine Auswirkung auf die Inflation in einer Volkswirtschaft. Wenn eine Verbindung in den Sinn käme, so vielleicht die, dass (im Einklang mit einem alten Vorurteil) ein hoch verschuldeter Staat Inflation womöglich als Mittel einsetzen könnte, um den Realwert seiner Schulden zu mindern. Japan hat jedoch in den letzten 20 Jahren vor Augen geführt, dass nichts davon im zeitgenössischen Kapitalismus Bestand hat. Mit einer öffentlichen Verschuldung von 250 Prozent des Bruttoinlandsprodukts hat Japan das höchste Verschuldungsniveau aller Industrieländer. Und doch, trotz seiner stetigen Anstrengungen war das Land nicht in der Lage, sich aus der Deflationsfalle zu befreien. Die japanischen Politiker mögen von einem nachhaltigen Inflationsniveau träumen, aber ihr beharrlicher Albtraum ist die Deflation.

Löhne oder nominale Lohnstückkosten wurden in der hitzigen Debatte, die in Deutschland mit dem Herannahen der Wirtschafts- und Währungsunion über die Gefahren einer Beschleunigung der Inflation geführt wurde, kaum eines Wortes gewürdigt. Die Lohnkosten galten als Spiegel des Marktpreises der Arbeit. Die »Flexibilitätsdoktrin« war in Politik wie Ökonomie weithin anerkannt.[11] Mit Blick auf die 1999 beginnende Währungsunion traf Deutschland, das größte Land der EU und mehrere Jahrzehnte lang eine Bastion der Stabilität, dementsprechend die Entscheidung, einen neuen Weg zur Bekämpfung seiner hohen Arbeitslosigkeit zu beschreiten. Kurz, die Regierung begann gemeinsam mit den Arbeitgebern, politischen Druck auf die Gewerkschaften auszuüben, um das Wachstum sowohl der nominalen wie der realen Löhne zu beschränken.

Deutschlands energische Anstrengung, seine beharrlich hohe Arbeitslosenrate in den Griff zu bekommen, indem es seinen Arbeitsmarkt flexibler gestaltete, zielte nicht von vorneherein darauf ab, sich innerhalb der Europäischen Wirtschafts- und Währungsunion einen Vorteil zu verschaffen. Vielmehr hoffte man, dass niedrigere Löhne in der gesamten Wirtschaft – neoklassisch – zu einer arbeitsintensiveren Produktion führen würden. Weil Modelle zur Arbeitszeitverkürzung nicht die erwarteten Ergebnisse zur Verringerung der Arbeitslosigkeit gebracht hatten, einigten sich 1999 die Gewerkschaftsführer in einer dreiseitigen Vereinbarung darauf, die Formel aufzugeben, die bis dato zur Bestimmung des Lohnzuwachses benutzt worden war. Diese Formel hatte eine paritätische Beteiligung der Arbeiter an den Gewinnen aus dem Produktivitätswachstum garantiert (die oben erwähnte goldene Regel); stattdessen stimmten die Gewerkschaften zu, die »Produktivität für die Beschäftigung zu reservieren«.[12]

Diese Vereinbarung bedeutete auch einen grundlegenden Bruch mit der deutschen Tradition, sich an eine niedrige und stabile Inflationsrate zu halten. Historisch war Deutschland durch moderate Lohnerhöhungen gekennzeichnet, die sicherstellten, dass die Reallöhne (die inflationsbereinigten Nominallöhne) entsprechend der Produktivität stiegen (Bruttoinlandsprodukt geteilt durch die Zahl der Arbeitsstunden). Mit anderen Worten, die Lohnstückkosten stiegen allgemein entsprechend einem Inflationsziel von annähernd zwei Prozent. Als der Monetarismus jedoch nach dem Ende von Bretton Woods und mehr noch mit der am Horizont erscheinenden Europäischen Wirtschafts- und Währungsunion zur weithin akzeptierten Doktrin wurde, bedeutete das neue Arrangement eindeutig noch geringere Inflation. Die Gefahr einer Deflation blieb gänzlich unbeachtet.

2. ... reißt in der EWU eine gewaltige Wettbewerbskluft auf

Die neue deutsche Arbeitsmarktpolitik fiel mit der formellen Einführung der Währungsunion zusammen und führte in der Folge unter den Mitgliedsstaaten zu gewaltigen Divergenzen bei den nominalen Lohnstückkosten. Der Hauptgrund für dieses Auseinanderlaufen war die schlichte Tatsache, dass Deutschlands nominale Lohnkosten, der wichtigste Bestimmungsfaktor von Preisen und Wettbewerbsfähigkeit, seit dem Start der Währungsunion im Wesentlichen unverändert geblieben sind, wie in Grafik 3 zu sehen. Im Gegensatz dazu verzeichneten die meisten südeuropäischen Länder ein nominales Lohnwachstum, das den nationalen Produktivitätszuwachs plus das gemeinsam vereinbarte Inflationsziel von zwei Prozent um eine kleine, aber stabile

Grafik 3: Divergenz der Lohnstückkosten[13] zwischen Deutschland und dem Rest der EWU[14]

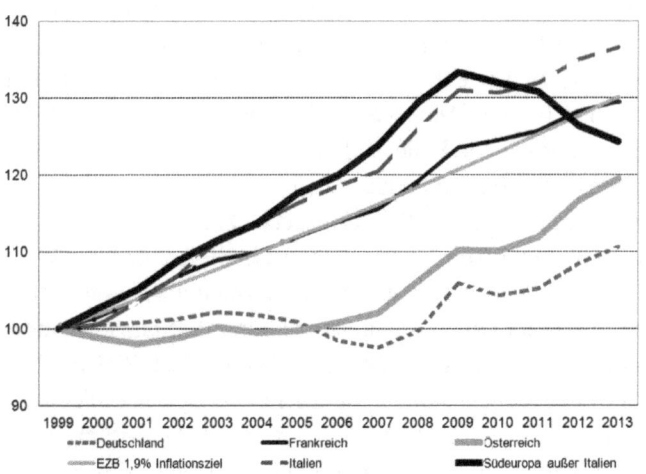

Marge überstieg. Frankreich war das einzige Land, das exakt das Ziel für das nominale Lohnwachstum traf. Die französischen Löhne stiegen entsprechend der nationalen Produktivitätsleistung plus Inflationsziel der EZB von annähernd zwei Prozent:

Obwohl die jährliche Divergenz unter den Zuwächsen der Lohnstückkosten relativ gering war, kann die Dynamik solcher »kleinen« Abweichungen mit der Zeit zu dramatischen Divergenzen führen. Am Ende des ersten Jahrzehnts der Wirtschafts- und Währungsunion hatte sich die Kosten- und Preislücke zwischen Deutschland und Südeuropa auf etwa 25 Prozent summiert, zwischen Deutschland und Frankreich auf 15 Prozent. Mit anderen Worten, Deutschlands realer Wechselkurs hatte beträchtlich abgewertet, obwohl innerhalb der Währungsunion keine nationalen Währungen mehr existieren. Die Divergenz im Wachstum der Lohnstückkosten spiegelte sich natürlich in den entsprechenden Preisdifferenzen. So erreichte die Wirtschafts- und Währungsunion das Inflationsziel von zwei Prozent nahezu punktgenau, doch die nationalen Unterschiede bei der Inflation innerhalb der Union waren bemerkenswert. Wieder war Frankreich mit Abstand der Musterschüler, da es dem Land gelang, seine Inflationsrate in perfekte Übereinstimmung mit dem Ziel der Union zu bringen. Deutschland blieb jedoch systematisch dahinter zurück, und die südeuropäischen Länder schossen systematisch darüber hinaus, mit Margen, die groß genug waren, um riesige Wettbewerbslücken aufzureißen.

Die kumulativen Lücken haben für die Länder der Wirtschafts- und Währungsunion zu enormen absoluten Vorteilen (und daher auch Nachteilen) im internationalen Handel geführt. Angesichts der Tatsache, dass ein EZB-Ziel von beinahe zwei Prozent Jahresinflation mit der Zeit nur mit einem zweiprozentigen Zuwachs der nominalen Lohnstückkosten vereinbar ist, muss man nicht lange nach den Hauptschuldigen und dem Ausmaß ihres Fehlverhaltens suchen. Griechenland zum Beispiel verstieß mit einem jährlichen Zuwachs der Lohnstückkosten von grob 2,7 Prozent allgemein gegen die Regeln, doch war dieser Regelverstoß weit weniger gravierend als der Deutschlands, dessen jährliche Zuwachsrate bei den Lohnstückkosten nur 0,4 Prozent betrug. Noch paradoxer ist, dass Deutschland ausdrücklich einem EZB-Inflationsziel von annähernd zwei Prozent zugestimmt hatte, weil das sein eigenes Ziel vor Gründung der Währungsunion gewesen war.

Es ist unbestreitbar, dass die reale Abwertung, die in Deutschland stattfand, einen enormen Einfluss auf die Handelsströme hatte. Da die deutschen Lohnstückkosten diejenigen der andern Länder mit einer wachsenden Marge unterboten, blühte die deutsche Exportwirtschaft, während die Importe abnahmen. Südeuropäische Länder, aber auch Frankreich und Italien verzeichneten dagegen wachsende Handels- und Leistungsbilanzdefizite und mussten starke Einbrüche ihrer internationalen Marktanteile hinnehmen. Deutschland andererseits war in der Lage, seinen Anteil trotz zunehmenden Wettbewerbs Chinas und anderer aufstrebender Volkswirtschaften zu halten. Kurz gesagt, Deutschland hat eine Politik der »Bereicherung auf Kosten seiner Nachbarn« verfolgt, aber erst, nachdem es sich »auf Kosten der eigenen Beschäftigten bereichert« hat, indem es praktisch die Löhne einfror.[15] Das ist das Geheimnis des deutschen Erfolgs der letzten anderthalb Jahrzehnte.

Während der Handel innerhalb Europas zu Beginn der Währungsunion eher ausgeglichen war, läutete die Währungsunion eine Phase rasch wachsenden Ungleichgewichts ein. Selbst nach dem Schock der Finanzkrise und ihrer vernichtenden Wirkung auf den Welthandel, die sich deutlich in der deutschen Bilanz niederschlug, hat sich diese Grundtendenz unverändert vortgesetzt. Deutschlands Leistungsbilanz ist nach 2010 weiter gestiegen und erreichte 2013 sogar ein neues Rekordhoch (2014 wird ebenfalls einen Leistungsbilanzüberschuss in einer Größenordnung von 200 Milliarden Euro verzeichnen, was annähernd sieben Prozent des Bruttoinlandsprodukts entspricht). Während die Überschüsse im Verhältnis zu den Mitgliedern der Eurozone 2007 kulminierten, stieg nach der Finanzkrise der Überschuss im Verhältnis zur übrigen Welt weiter rasch an.

Es ist offenkundig, dass die deutschen Exporteure unmittelbar nach Ausbruch der Eurozonenkrise, als die Wirtschaft der betroffenen Ländern einzubrechen begann, ihre Anstrengungen auf den Rest der Welt richteten und – immer noch geschützt durch den Euro – auf diesen Auslandsmärkten ähnlich hohe Überschüsse erzielten. Mit den enormen angehäuften Wettbewerbsvorteilen zu ihren Gunsten und geschützt durch einen relativ niedrigen Eurowechselkurs (mit Ausnahme einiger Monate im Jahr 2014) konnten sie, wieder auf Kosten anderer Euromitglieder, im Rest der Welt leicht Marktanteile hinzugewinnen. Besonders die chinesische Nachfrage nach Autos war zeitweise ein wichtiger Grund für den Anstieg der Exporte.

Empirische Studien suchen zuweilen vergeblich nach Belegen für einen Einfluss der Preise oder Lohnstückkosten auf die Handelsströme und Leistungsbilanzen.[16] Das liegt zumeist an Fehlspezifikationen der Studien oder einer unkritischen Auswahl von Länderbeispielen und Zeitabschnitten. Wenn eine Untersuchung zum Beispiel sehr kleine und hochspezialisierte Länder einschließt wie Irland oder Zypern, oder arme Übergangsvolkswirtschaften wie die baltischen Länder, werden die Ergebnisse wahrscheinlich problematisch sein. Die Produktionsstruktur dieser Länder lässt sich nicht sinnvoll mit derjenigen Frankreichs und Deutschlands mit ihrer hoch diversifizierten industriellen Basis vergleichen. Erhebliche Einwände lassen sich auch gegen die Einbeziehung einer Volkswirtschaft wie jene der Niederlande erheben, die schon lange vor Deutschland eine Politik der Lohnmoderation, also der Bereicherung auf Kosten ihrer Nachbarn, betrieben hatte und so in der Lage waren, ihren

Leistungsbilanzüberschuss zu verteidigen, obwohl ihre Lohnstückkosten seit Beginn der Wirtschafts- und Währungsunion stärker stiegen als die Deutschlands.

Darüber hinaus ist bei der Wahl des Zeitabschnitts für die empirische Analyse zu berücksichtigen, dass die tiefe Rezession in den Defizitländern der Währungsunion infolge der Finanzkrise von 2008 natürlich die Tendenz hat, die beobachteten Defizite durch gewaltige Einkommenseffekte, die zeitweise die Preiseffekte überlagerten, zu vermindern. Doch es ist unwahrscheinlich, dass es in diesen Ländern ohne eine fundamentale Verbesserung ihrer Wettbewerbsfähigkeit zu einer Erholung kommen kann. Die schließlich erfolgende Wiederbelebung der Inlandsnachfrage würde außerdem wahrscheinlich die Defizite in der Leistungsbilanz rasch wieder zum Vorschein bringen und somit künftiges Wachstum beschränken. Selbst in Griechenland, das von der Krise und der dem Land von der EU aufgezwungenen Sparpolitik verwüstet wurde, gibt es Anzeichen, dass die Leistungsbilanzdefizite 2014 zurückgekehrt sind, das heißt, sobald die Volkswirtschaft nicht weiter schrumpfte.

Grafik 4: Leistungsbilanz[1] und Lohnstückkosten[2] in der EWU 1999–2009

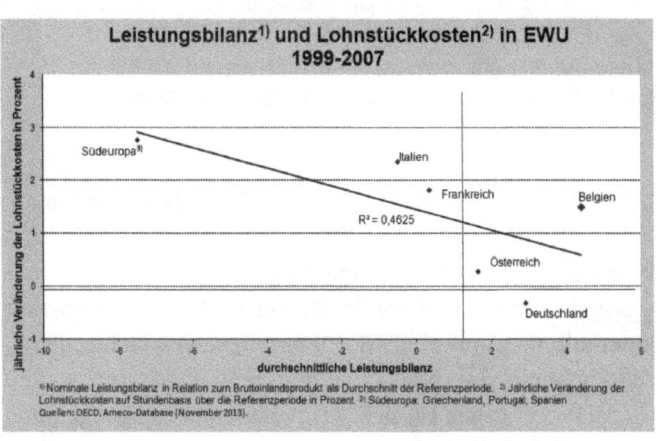

Grafik 4 zeigt, wie klar zwischen den Kernländern und den größten Handelsnationen der Wirtschafts- und Währungsunion die (negative) Beziehung zwischen Lohnstückkosten und Leistungsbilanz in der kritischen Phase von 1999 und 2007 zutage tritt.

Die Beziehung ist sogar noch stärker, wenn man statt der Lohnstückkosten die Preisbewegungen (das heißt den BIP-Deflator) mit der Bewegung der Leistungsbilanz vergleich, wie in Grafik 5 unten.

Grafik 5: Leistungsbilanz1) und Inflation2) in der EWU 1999–2007

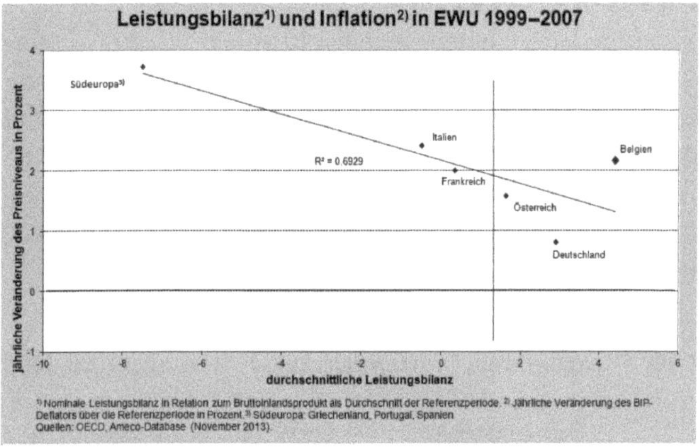

Anmerkung: Negative Werte stellen ein Leistungsbilanzdefizit dar
Quelle: AMECO-Database (per Nov. 12); eigene Berechnungen

Die in diesen Grafiken enthaltenen Länder bestreiten annähernd 80 Prozent des Gesamthandels der Wirtschafts- und Währungsunion (Binnen- und Außenhandel). Darüber hinaus ist für Italien und Frankreich der wichtigste Konkurrent innerhalb und außerhalb der Währungsunion Deutschland. Die Annahme, dass eine akkumulierte Preisdifferenz von 20 bis 30 Prozent, wie sie sich seit Beginn der Währungsunion ergeben hat, den Handel nicht zugunsten Deutschlands beeinflussen wird, wäre kompletter Unsinn. Dagegen glauben die Autoren Gabrisch und Staehr, die Entwicklung der Lohnstückkosten sei »endogen und zum Teil durch die Kapitalströme bestimmt«, was aus ihrer Sicht nahelegt, dass sich der Euro-Plus-Pakt womöglich kaum auf die Lohnstückkosten auswirkt, und täte er es doch, dass dies »nur eine geringe Wirkung auf das mögliche Auftreten von Leistungsbilanzungleichgewichten haben könnte«.[17] Eine solche Schlussfolgerung ist absolut ungerechtfertigt.

Schließlich geht es bei der Notwendigkeit, Ungleichgewichte innerhalb der Währungsunion zu vermeiden, nicht hauptsächlich um Leistungsbilanzdefizite und -überschüsse *per se* in einer klar umrissenen Zeitspanne. Der Punkt ist vielmehr, dass die absoluten und kumulativen Vorteile eines Landes oder einer Gruppe von Ländern gegenüber einem ähnlichen Land und oder einer Gruppe von Ländern über lange Zeitspannen hinweg unzweifelhaft untragbar sind. Eine riesige Lücke in der Wettbewerbsfähigkeit und der daraus resultierende Verlust von Marktanteilen muss irgendwann geschlossen werden, weil es andernfalls den Ländern oder der Region, die dabei ins Hintertreffen geraten, an einem bestimmten Zeitpunkt nicht mehr gelingt, ihre Gläubiger davon zu überzeugen, dass die Schulden zu irgendeinem Zeitpunkt in der Zukunft zurückgezahlt werden können. Ob dieser Zeitpunkt in 20 oder 40 Jahren kommt, ist für ein vom Kapitalmarkt abhängiges Land nicht von Bedeutung. Die Tatsache, dass es irgendwann dazu kommen wird, ist ausreichend, um jene Marktreaktionen auszulösen, die wir in allen Finanzkrisen einschließlich der Eurokrise gesehen haben.

Das Kalkül des Marktes ist einfach: Die endgültige Rückzahlung internationaler Schulden erfolgt in Sachleistungen. Wenn die Rückzahlung die Schuldnerländer nicht dauerhaft verarmen soll, erfordert sie einen Zugewinn an Marktanteilen, das heißt einen Leistungsbilanzüberschuss in dem

Schuldnerland und ein Defizit auf der Gläubigerseite. Ein verschuldetes Land kann seine Schuld nur bedienen und zurückzahlen, wenn es ihm gelingt, früher oder später einen Überschuss zu erzeugen. Dies kann nur durch Verbesserung der Wettbewerbsfähigkeit mittels Preisanpassungen geschehen, die sich aus Lohnanpassungen und/oder Wechselkursänderungen ergeben. Quantitative Anpassungen im internationalen Handel können keine dauerhafte Lösung sein.

Im Unterschied zu Unternehmen gehen Länder in der Regel nicht in Konkurs oder verschwinden. Sie müssen Wege finden, um mit einer Situation fertigzuwerden, in der fast all ihre Unternehmen absolute Nachteile gegenüber ihren ausländischen Konkurrenten haben. Der einfachste und brutalste Weg, mit übermäßigen Lohnstückkosten (in internationaler Währung) umzugehen, ist die Reduzierung der Löhne. Nur wenn es möglich wäre, die Nominallöhne nur in denjenigen Teilen der Volkswirtschaft zu vermindern, die dem internationalen Wettbewerb ausgesetzt sind, könnten einige negative Nebeneffekte für die übrige Volkswirtschaft vermieden werden. Eine Abwertung der Währung würde genau dies bewirken. Eine im Wert sinkende Währung würde die nominalen, in internationaler Währung ausgedrückten Löhne senken, aber nicht generell in allen Sektoren der Volkswirtschaft. Die Importe werden teurer und tendenziell durch im Inland hergestellte Produkte ersetzt; die Exporte werden für die internationalen Kunden billiger und attraktiver. Selbst wenn sich die Importe (von Rohstoffen) überhaupt nicht durch heimische Produkte ersetzen lassen, wäre die internationale Anpassung der Löhne dennoch unvermeidlich, um es dem Land auf Dauer zu erlauben, die notwendigen Importe durch seine eigenen Exporte zu kaufen.

3. Kampf der Nationen?

Eine der interessantesten Diskussionen der letzten Jahrzehnte drehte sich um den Wettbewerb zwischen den Nationen – oder den »Kampf der Nationen« – auf dem Gebiet des Handels. Das Zeitalter der Globalisierung wurde mehr als jedes andere so interpretiert, dass es die Nationen zu einem ähnlichen Wettbewerb zwingt wie kapitalistische Unternehmen. Der Reichtum der Nationen galt als abhängig von ihrer Fähigkeit, sich wirkungsvoll an die Herausforderungen anzupassen, vor die sie durch die offenen Güter- und Kapitalmärkte gestellt werden. Nationen mit hoher Kapitalausstattung, so die Erwartung, würden unter den Wettbewerbsdruck von Handelspartnern mit niedrigen Löhnen und Arbeitsmarktstandards geraten. Insbesondere die Verfügbarkeit riesiger Mengen freier Arbeitskraft in großen Entwicklungsländern wie China und Indien würde das Verhältnis Kapital/Arbeit für die gesamte Welt grundlegend zugunsten des Kapitals verschieben und so zu einem neuen globalen Lohngleichgewicht führen.

Die Realität hat diese Erwartung scheinbar bestätigt. In vielen Hochlohnländern des Nordens kamen die Löhne unter Druck, und Arbeit konnte nicht mehr denselben Anteil am Produktivitätswachstum erzielen wie Kapital. Genau das hatte die erfolgreiche Marktwirtschaft der Nachkriegszeit ausgezeichnet – offenbar hat das Kapital gesiegt. Die Lohnquoten am Bruttoinlandsprodukt fallen, und das Vertrauen in die Fähigkeit der marktwirtschaftlich orientierten Länder, allen Menschen die volle Teilhabe am Fortschritt der Gesellschaft als Ganzes zu garantieren, schwindet. Die Tatsache, dass die Lohnquote zurückgeht, bedeutet jedoch nicht, dass die Kräfte, die diese Veränderung antreiben, tatsächlich diejenigen sind, die das neoliberale Arbeitsmarktmodell – der Grundlage des Gedankens, dass der Druck aus den aufstrebenden Volkswirtschaften zwangsläufig zu niedrigeren Löhnen in vielen Industrieländern führt – unterstellt.

Ein genauerer Blick offenbart die Grenzen und Schwächen dieses Modells, denn es geht davon aus, dass der Wettbewerb zwischen ganzen Volkswirtschaften in der gleichen Weise funktioniert wie zwischen Unternehmen. Diese Analogie ist jedoch fehl am Platz. Das Modell, das den Wettbewerb zwischen Unternehmen beschreibt, lässt sich nicht auf Länder übertragen, besonders nicht auf Länder mit unabhängigen Währungen. Im dynamischen Umfeld einer Marktökonomie konkurrieren Unternehmen miteinander, indem sie die Produktivität ihrer Arbeit erhöhen. Angebotsseitige Bedingungen – besonders die Preise von Zwischengütern, Arbeit und Kapital – sind für Unternehmen innerhalb eines Landes normalerweise ähnlich und für alle Unternehmen innerhalb eines Landes gegeben. Folglich wird der Erfolg oder das Scheitern eines einzelnen Unternehmens von dem spezifischen Wert bestimmt, der auf der Ebene des Unternehmens den allgemein gehandelten Gütern und Dienstleistungen hinzugefügt wird.

Unternehmen als Preisnehmer müssen im Allgemeinen die bestehenden Preise der Arbeit für unterschiedliche Qualifikationen hinnehmen, genauso wie sie den Preis des Kapitals akzeptieren müssen. Unternehmen, die durch Innovationen und neue Produkte eine höhere Produktivität generieren können, operieren mit niedrigeren Lohnstückkosten als ihre Konkurrenten. Deshalb können sie ihre Produkte zu niedrigeren Preisen anbieten oder bei gegebenen Preisen höhere Gewinne erzielen. Ersteres bedeutet, einen größeren Marktanteil zu gewinnen, Letzteres kann langfristige strategische Vorteile über höhere Investitionsquoten bedeuten. Solange die Preise für Arbeit und Zwischenprodukte gegeben sind, passen sich die Konkurrenten an, indem sie dieselbe oder eine ähnliche Technologie einsetzen; die Alternative wäre, aus dem Markt auszuscheiden, weil ihre Produktion nicht mehr rentabel ist.

Dieser fundamentale Wettbewerbsmechanismus gilt auf der Länderebene nicht, weil die Lohntarife normalerweise auf nationaler Ebene festgesetzt werden. Anders als Unternehmen sind

Länder diejenigen, die Löhne festsetzen, nicht diejenigen, die Löhne akzeptieren müssen. Ob das durch die Mobilität der Arbeit innerhalb eines Landes oder über Lohnverhandlungen auf nationaler Ebene erreicht wird, spielt keine Rolle. Wenn Löhne auf nationaler Ebene ausgehandelt werden oder wenn die Arbeit geografisch mobil ist, muss das sogenannte Gesetz des einheitlichen Preises angewandt werden, das heißt gleicher Lohn für gleiche Arbeit, und das bedeutet, dass alle Firmen unabhängig von ihrer Rentabilität oder Effizienz denselben Lohn zahlen müssen. Folglich erhöht ein stärkeres Produktivitätswachstum auf der Ebene einer ganzen Volkswirtschaft nicht die Wettbewerbsfähigkeit all ihrer Unternehmen gegenüber dem Rest der Welt. Ein Produktivitätsfortschritt einer ganzen Volkswirtschaft schlägt sich normalerweise in höheren Nominallöhnen (und Reallöhnen) und unverändertem Wachstum der Lohnstückkosten nieder.

Doch selbst wenn dieser Mechanismus – aus welchen Gründen auch immer – nicht greifen sollte, würde ein Land mit ziemlich hoher Produktivität, aber extrem niedrigen Löhnen und sehr geringen Lohnstückkosten, nicht automatisch seine internationale Wettbewerbsfähigkeit verbessern, beziehungsweise die Wettbewerbsfähigkeit all seiner Unternehmen steigern. In internationaler Währung ausgedrückt, wären die Preise in einem Land, das konsequentes Lohndumping betreibt, um seine internationale Wettbewerbsfähigkeit zu erhöhen, nicht notwendigerweise niedriger als im Rest der Welt. In einer Welt nationaler Währungen und nationaler Währungspolitik würde ein Land, das seine Güter zu deutlich niedrigeren Preisen anbietet, Marktanteile gewinnen sowie riesige Handels- und Leistungsbilanzüberschüsse anhäufen. Gleichzeitig aber würde der politische Druck, die Löhne und Preise in internationaler Währung anzupassen, steigen. Früher oder später wäre das Land gezwungen, seine in internationaler Währung gemessenen Löhne durch Aufwertung seiner Währung anzupassen.

Nationen können ihre Grenzen für Handels- und Kapitalströme öffnen, wenn sichergestellt ist, dass ihre Unternehmen in der internationalen Arbeitsteilung eine faire Chance haben und nicht in der Gefahr sind, ständig gegenüber dem Rest der Welt den Kürzeren zu ziehen. Das ist das einfache Vorhaben, das allen internationalen Handelsvereinbarungen in der Welthandelsorganisation und anderen Organisationen zugrunde liegt. Wenn auf der Ebene der nationalen Wirtschaft die nominale Bezahlung der Arbeit – üblicherweise der Arbeit als immobiler Produktionsfaktor – die Effektivität seiner Nutzung (Arbeitsproduktivität) dauerhaft um eine größere Spanne übersteigt als in den konkurrierenden Ländern, gerät das Land in schwieriges Fahrwasser, weil die meisten seiner Unternehmen in Schwierigkeiten stecken. Sie müssen höhere Preise verlangen und einen permanenten Verlust von Marktanteilen hinnehmen oder niedrigere Gewinne akzeptieren, um den Verlust von Marktanteilen zu verhindern.

Eine solche Situation, die das Ergebnis einer Aufwertung oder Überbewertung des realen Wechselkurses ist, ist niemals tragbar. Als Faustregel aus Währungskrisen der Vergangenheit gilt: Wenn eine akkumulierte Überbewertung auf etwa 20 Prozent steigt, ist eine Krise unvermeidlich. Der deutlichste Indikator dieses Krankheitsbildes, wenn auch nicht seine Ursache, ist ein Defizit in der Leistungsbilanz. Unlösbare Probleme treten dann auf, wenn die Regierungen betroffener Länder versuchen, die Überbewertung durch Druck auf die Löhne zu korrigieren. Das macht eine Wiederbelebung der Wirtschaft unmöglich und führt unmittelbar in die Deflation. Wenn mehrere Länder einen solchen Ansatz übernehmen, ist eine allgemeine Deflation unvermeidlich. Diese Logik gewinnt in der Eurozone langsam die Oberhand, da die Inflationsraten 2013 und 2014 deutlich und beständig über ausgedehnte Zeitspannen hinweg unter das EZB-Ziel gesunken sind.

Italien und das Vereinigte Königreich standen 1992 als Mitglieder des Europäischen Währungssystems vor ähnlichen Problemen. Italien entschied sich für den Verbleib im System, Großbritannien entschloss sich zum Ausscheiden, aber beide werteten ihre Währungen ab. In Systemen anpassbarer Wechselkurse ist der Weg aus einer Zahlungsbilanzkrise recht einfach: Die Währung des in Schwierigkeiten steckenden Landes muss abgewertet werden, sodass, gemessen in internationaler Währung, ein konkurrenzfähiges Niveau der Nominallöhne und nominalen Lohnstückkosten wiederhergestellt wird. In Ländern, die an einer Währungsunion teilnehmen und daher nicht abwerten können, ist die Wiederherstellung ihrer Wettbewerbsfähigkeit eine ganz andere Geschichte.

4. Deutschlands Erfolg – oder Scheitern

Begreiflicherweise sind einige Leser bis zu diesem Punkt der Erörterung womöglich etwas verwirrt. Wäre es denn nicht einleuchtend zu sagen, dass Deutschland als einziges Land innerhalb der Wirtschafts- und Währungsunion alles richtig gemacht hat? Es ist politisch stark, seine Wirtschaftsleistung ist beeindruckend und es diktiert als Hauptgläubigerland die Bedingungen, zu denen die Schuldnerländer finanzielle Unterstützung erhalten können. Vom Standpunkt dieser Studie aus fällt das Urteil über die Missetäter allerdings ganz anders aus. Wir haben schon gezeigt, dass die deutsche Lohnmäßigung das gemeinsam vereinbarte Inflationsziel verletzte. Der Schluss, dass Deutschland ein Übeltäter war, ist unvermeidlich, sobald zugestanden wird, dass die Lohnstückkosten mehr als die Geldmengenaggregate die Hauptdeterminante der Inflation innerhalb der Länder und für die Währungsunion als Ganzes sind.

Darüber hinaus ist es für ein Urteil darüber, ob der deutsche Ansatz wirklich erfolgreich war, auch notwendig zu berücksichtigen, dass Deutschland während der ersten zehn Jahre der Wirtschafts- und Währungsunion aus einer historisch einmaligen Situation und der Naivität seiner Partnerländer Vorteile ziehen konnte. Wie war es möglich, dass die Lohnmäßigung, bei der die Reallöhne weit hinter der Produktivität hinterherhinkten, für Deutschland zu einem derart mächtigen Instrument werden konnte? Ist das vielleicht doch der letzte Beweis für die Gültigkeit der neoklassischen Arbeitsmarkttheorie?

Um diese Fragen zu beantworten, muss man zwischen dem Effekt der Lohnmäßigung auf die Exportentwicklung einerseits und ihrem Effekt auf die Binnenwirtschaft andererseits unterscheiden. Diese Unterscheidung ist notwendig, weil ein großes Land mit intensiven Handelsbeziehungen zu seinen Nachbarn außerordentlich gewinnen kann, wenn es diese Nachbarn über lange Zeit hinweg »arm macht«, indem es ihnen bedeutende Marktanteile im regionalen und globalen Handel raubt. So explodierte in Deutschland der Anteil des Exports am Bruttoinlandsprodukt, der vor der Schaffung der Währungsunion mehrere Jahrzehnte lang stabil bei 30 Prozent gelegen hatte, in der recht kurzen Zeitspanne von 1999 bis 2012 auf einen Höchststand von mehr als 50 Prozent.

Es ist ein fester Bestandteil der keynesianischen Theorie, dass dieses »Armmachen« der eigenen Nachbarn eine erfolgreiche Strategie sein kann, solange die Handelspartner diese Form des ökonomischen Imperialismus hinnehmen und keine Gegenmaßnahmen ergreifen.[18] Die Wirtschafts- und Währungsunion als impliziter Teil der Freihandelsvereinbarung in der EU konnte dieses Problem aus zwei Gründen nicht wirkungsvoll behandeln. Erstens, weil seine gesamtwirtschaftlichen Auswirkungen aus den oben erwähnten doktrinären Gründen und theoretischen Obsessionen ignoriert wurden, und zweitens, weil die anderen Länder der Union den aggressiven deutschen Ansatz nicht mit handelspolitischen Maßnahmen oder durch Abwertung vergelten konnten. Die strikten Freihandelsvereinbarungen des gemeinsamen Markts und die bloße Existenz der Wirtschafts- und Währungsunion verhinderten eine angemessene Reaktion. Nur unter diesen einzigartigen Umständen konnte die deutsche Strategie an der externen Front vorübergehend außerordentlich erfolgreich sein.

Binnenwirtschaftlich war sie jedoch ein totaler Misserfolg. Mit der Lohnmäßigungsstrategie sollte ursprünglich über eine Änderung der relativen Faktorpreise und eine Umstrukturierung des Produktionsapparats in Richtung einer stärker arbeitsintensiven Produktionsweise die Schaffung zahlreicher neuer Arbeitsplätze angeregt werden. Diese Strategie, die auf der neoklassischen Arbeitsmarkttheorie aufbaute, funktionierte nie. Sie scheiterte, erstens, weil der zugrunde liegende theoretische Ansatz die zeitliche Dimension außer Acht lässt, und, zweitens, weil auf eine Lohnkürzung oder die Verlangsamung des Lohnzuwachses in der Realität ein Sinken der Inlandsnachfrage folgt.[19] Das kann man am Beispiel Südeuropa zeigen.

Grafik 6: Arbeitslosigkeit und Reallöhne

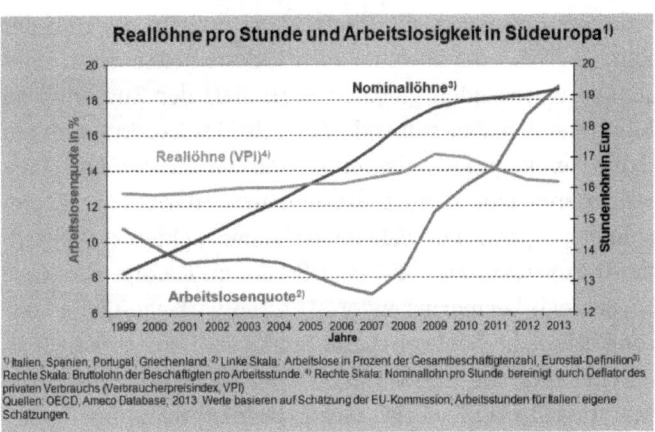

1) Italien, Spanien, Portugal, Griechenland. 2) Linke Skala: Arbeitslose in Prozent der Gesamtbeschäftigtenzahl, Eurostat-Definition 3) Rechte Skala: Bruttolohn der Beschäftigten pro Arbeitsstunde. 4) Rechte Skala: Nominallohn pro Stunde, bereinigt durch Deflator des privaten Verbrauchs (Verbraucherpreisindex, VPI)
Quellen: OECD, Ameco Database; 2013 Werte basieren auf Schätzung der EU-Kommission; Arbeitsstunden für Italien: eigene Schätzungen.

In den vier Ländern zusammengenommen begann der Druck auf die Nominallöhne (rechte Skala) 2008 mit einer erkennbar abflachenden Wachstumsrate. Die Reallöhne pro Stunde begannen von 2010 an absolut zu fallen. Bei einer absoluten Verminderung der Reallöhne auf annähernd 16 Euro stieg die Arbeitslosigkeit weiter mit annähernd gleicher Geschwindigkeit wie zuvor (während der globalen Krise). Das lässt sich nur durch den unmittelbar negativen Effekt fallender Löhne auf die Binnennachfrage erklären. Statt sich »zurück in den Markt zu preisen«, preisten sich Arbeiter, die fallende Löhne hinnahmen, selbst aus dem Markt, weil sie nicht mehr die Produkte kaufen konnten, die sie produzierten.

Ein ähnlicher Prozess vollzog sich in Deutschland. Hier trat die Inlandsnachfrage viele Jahre auf der Stelle, worin sich die Stagnation der Reallöhne spiegelte. Nur aufgrund seines außerordentlichen Erfolgs beim Außenhandel konnte Deutschland als insgesamt erfolgreich angesehen werden. Dass Beobachter vom deutschen Experiment beeindruckt sind, liegt also letztlich daran, dass Deutschland in den Jahren unmittelbar vor Ausbruch der Finanzkrise so ungeheuer von der Strategie der »Verarmung seiner Nachbarn« profitierte.

Tatsächlich akkumulieren sich absolute Wettbewerbsvorteile wie diejenigen, die Deutschland erzielte, im Lauf der Zeit. Je größer der absolute Vorteil, desto größer ist in einer schnell wachsenden globalen Wirtschaft der Zugewinn an Marktanteilen. Der stupende Zuwachs des Exportanteils am deutschen Bruttoinlandsprodukt und sein Exportüberschuss reflektieren eine beispiellose und unwiederholbare Explosion der Exporte. Für viele deutsche Beobachter ist Deutschlands Zugewinn an politischer Stärke im Gefolge der Krise sogar noch beeindruckender als seine wirtschaftliche Leistung als solche. Viel von dieser Stärke verdankt es jedoch allein der Tatsache, dass während einer Finanzkrise (wenn die Marktakteure äußerst risikoscheu werden) Schuldnerländer, die üblicherweise auf ausländisches Kapital angewiesen sind, nun auf Gläubigerländer angewiesen sind.

Deutschlands außerordentlicher Erfolg im internationalen Handel verdankte es zum Großteil der Lethargie seiner Nachbarn und der Blindheit der Institutionen, die zur Regulierung und Überwachung des Funktionierens der Eurozone geschaffen wurden, insbesondere der EZB und der Europäischen Kommission. Eine wachsame Zentralbank und eine aufmerksamere EU-Kommission hätten wahrscheinlich zu einem früheren Zeitpunkt interveniert, Deutschland vor den Gefahren seiner Strategie gewarnt und seine Nachbarn wachgerüttelt. Dieses Scheitern ist aber wieder die unmittelbare Folge der ideologischen Säulen, auf denen die Europäische Wirtschafts- und Währungsunion errichtet wurde. Schon in den frühen 1980er Jahren hatte die Kommission den Neoliberalismus mit religiöser Inbrunst übernommen und ließ sich seither in ihren Entscheidungen und Handlungen von ihm leiten. Schließlich war die Verbesserung der Wettbewerbsfähigkeit das erklärte Ziel der EU als Ganzes. Wie sollte die Kommission unter diesen Umständen Deutschland daran hindern, eben das zu tun, was von allen erwartet wurde?

Das institutionelle Scheitern ist im Fall der Europäischen Zentralbank (EZB) noch gravierender. Hätte sie ihre ideologischen Scheuklappen abgelegt und die Augen aufgemacht, so hätte die EZB schon früh erkannt, dass die Höhe der nominalen Lohnstückkosten, nicht die Geldmengenversorgung die Hauptdeterminante der Inflation in der Währungsunion als Ganzes ebenso wie in den einzelnen Mitgliedsstaaten ist. Die EZB versäumte es, die allgemeinen makroökonomischen Entwicklungen unvoreingenommen zu analysieren und sich abzeichnende Ungleichgewichte aufzuspüren. Sie versäumte es außerdem, mögliche deflationäre Entwicklungen im Fall einer Krise in Erwägung zu ziehen. Die EZB als unabhängige Institution hätte das Desaster, das 2010 einsetzte, abfedern können, indem sie ihren politischen Einfluss nutzte und öffentlich davor warnte, dass die Wirtschafts- und Währungsunion einen gefährlichen Weg eingeschlagen hatte.

Im Lauf des Jahres 2014 hat sich die allgemeine Wahrnehmung der Krise durch die EZB ganz beträchtlich geändert. Ein ums andere Mal wies ihr Präsident auf die Notwendigkeit einer expansiven Fiskalpolitik und sogar höherer Löhne in jenen Überschussländern hin, die es sich leisten können, um die EZB in ihrem Kampf gegen die Deflation zu unterstützen. Um aber den politischen Kurs zu ändern, muss EZB-Präsident Mario Draghi die Missetäter ausdrücklich beim Namen nennen. Eine Koalition oppositioneller Länder mit substanzieller Unterstützung der wichtigsten Institution würde sicher die deutsche Politik beeindrucken und den Weg für eine ehrliche und ernste Diskussion im Land selbst freimachen.

5. Deutschland muss sich anpassen

Es klingt plausibel (selbst für jemanden, der mit den in diesem Buch vertretenen Ansichten sympathisiert), dass die deutsche Strategie, das Wachstum des inländischen Nominallohns zu beschränken, nicht in erster Linie vom Wettbewerb innerhalb der Währungsunion motiviert war, sondern vom Konkurrenzkampf mit den aufstrebenden Volkswirtschaften, besonders der aufsteigenden Industriemacht China.

Obwohl diese Argumente intuitiv einleuchten, führen sie in die Irre, weil sie wiederum die entscheidende Bedeutung der engen und stabilen Beziehung zwischen der Wachstumsrate der Lohnstückkosten und der Inflationsrate einerseits und der Binnennachfrage andererseits ausblenden. Unter keinen Umständen sollte eine Währungsunion, die eine Inflationsrate von zwei Prozent anstrebt, einem ihrer Mitglieder (besonders nicht dem größten) erlauben, bei der Entwicklung der Lohnstückkosten und der Inflation eigene Wege zu gehen. Wenn sich Europa durch die aufstrebenden Volkswirtschaften herausgefordert fühlte und zu einer makroökonomischen Antwort veranlasst gesehen hätte, so hätte es als Ziel für seine gemeinsame Währungspolitik eine niedrigere Inflationsrate (oder sogar eine Deflation) wählen können. In diesem Fall jedoch hätte der Wechselkurs des Euro gegenüber dem chinesischen Yuan oder dem US-Dollar früher oder später die niedrigere Inflation in Europa reflektiert und so die Vorteile, die sich Europa durch ein niedrigeres Inflationsziel verschaffen wollte, zunichte gemacht.

In einer Welt frei flottierender oder anpassbarer Wechselkurse kann kein Land einen dauerhaften Vorteil gegenüber einem anderen Land erzielen, wenn Letzteres sich dazu entschließt, seinen Wechselkurs im Einklang mit dem Inflationsgefälle anzupassen. Das bedeutet, dass alle Versuche, die Wettbewerbsfähigkeit durch Kürzung oder Mäßigung der Löhne in der Währungsunion als Ganzes zu verbessern, nutzlos wären. Und doch ist genau das der Ansatz, den Europa nach der Krise als Weg nach vorn gewählt hat. Das ist auch deshalb so abwegig, weil Lohnkürzungen in den meisten europäischen Schuldnerländern zu einer gravierenden Abnahme der Inlandsnachfrage führen würden, die wichtiger ist als die Nachfrage aus dem Ausland. In Volkswirtschaften mit einem Exportanteil am Bruttoinlandsprodukt, der weit unter 50 Prozent liegt, sind, wie oben dargestellt, Strategien der Lohnbeschränkung kontraproduktiv, da keine realistische Aussicht besteht, über einen längeren Zeitraum hinweg einen großen Leistungsbilanzüberschuss zu erzielen, und es wäre auch nicht möglich, den Exportanteil am Bruttoinlandsprodukt über die 50-Prozent-Marke hinaus zu treiben, ohne dass sich die Handelspartner revanchieren würden. Unter normalen Umständen ist es daher unmöglich, die von Deutschland in den ersten zehn Jahren der Wirtschafts- und Währungsunion verfolgte Strategie erfolgreich nachzuahmen.

Wichtiger noch als diese allgemeinen Einwände hinsichtlich der deutschen Strategie ist der Blick auf die gesamtwirtschaftliche Dynamik. In einer Währungsunion sitzt ein Land mit einem niedrigen Exportanteil, das mit einem riesigen Leistungsbilanzdefizit und Finanzierungsschwierigkeiten zu kämpfen hat, in der Falle. Die Anpassung der Löhne nach unten, manchmal fälschlich »interne Abwertung« genannt, ist keine Lösung, da sie die Binnennachfrage und -produktion zerstören würde, bevor sie durch steigende Exporte für etwas Linderung sorgen könnte.

Darüber hinaus müssten Länder mit einer großen Wettbewerbslücke zu Deutschland hinsichtlich ihrer preislichen Wettbewerbsfähigkeit erst eine ausgedehnte Aufholphase durchmachen. Es käme in dieser Zeit weder zu raschen Zugewinnen bei internationalen Marktanteilen noch zu einer dauerhaften Verbesserung der Leistungsbilanz, da Deutschlands absoluter Vorteil intakt bleiben würde, solange sich die Wettbewerbslücke nicht ins Gegenteil verkehrte, das heiß in einen absoluten Vorteil der Defizitländer. Grafik 1 hat bereits veranschaulicht, dass Defizitländer für einen langen Zeitraum unter die deutschen Lohnstückkosten fallen müssten, um etwas von den Verlusten wettzumachen, die sie in den ersten zehn Jahren der Wirtschafts- und Währungsunion erlitten haben.

Die Achillesferse dieses Anpassungsprozesses ist seine Dauer. Ein demokratisches Land kann unmöglich über fünf oder zehn Jahre hinweg sinkende Lebensstandards und steigende Arbeitslosigkeit ertragen. Die wirtschaftlichen, sozialen und politischen Kosten wären gewaltig, wie der Fall Griechenlands in diesem Buch vor Augen führt. Der Prozess würde zu sozialen Unruhen führen und zu verzweifelten Versuchen des Volks, durch Wahlen zu verhindern, was es als leichtfertigen Angriff auf sein Wohlergehen empfindet.

Das ist der Grund, warum der Anpassungsprozess innerhalb der Wirtschafts- und Währungsunion zumindest symmetrisch verlaufen muss. Das bedeutet, dass dasjenige Land, das seinen Wechselkurs implizit unterbewertet hat – Deutschland –, energische Anstrengungen für eine Anpassung nach oben unternehmen muss, das heißt raschere Lohnsteigerungen, während andere Länder eine langsame Abwärtsanpassung in Angriff nehmen müssen. Der verlässlichste Maßstab für den Erfolg der Anpassungsbemühungen auf beiden Seiten wäre wieder das Inflationsziel. Wenn das gemeinsame Inflationsziel nicht infrage gestellt wird, wäre es zur Wiederherstellung der internationalen Wettbewerbsfähigkeit der Defizitländer erforderlich, die Lohnstückkosten und Inflation im Überschussland bis zu einem Punkt zu erhöhen, wo ein außenwirtschaftliches Gleichgewicht auf beiden Seiten für die gesamte Lebensspanne der Währungsunion (einschließlich der ersten zehn Jahre) erreicht wird. Es reicht, eine solche Strategie auch nur zu erwähnen, um deutlich zu machen, dass ihre Umsetzung in Deutschland praktisch unmöglich ist.

IV. Das Dilemma der Strom- und Bestandswerte in der EWU

1. Die Politik blickt eher auf Bestandswerte, entscheidender sind die Ströme

Seit Ausbruch der Krise wurde in der Eurozone viel Energie darauf verwandt, sich mit den Bestandswerten zu befassen, ob in Form fauler Kredite, einer scheinbar untragbaren Schuldenlast oder der Bilanzen angeschlagener Banken. Weit weniger Enthusiasmus wurde in die Umkehr von Strömen investiert, insbesondere in das (Wachstum von) Einkommen, Investitionen und den Konsum. Eine Krise zu bekämpfen, indem man sich hauptsächlich auf die Bestandswerte konzentriert, ist aber die falsche Vorgehensweise, denn künftige Bestandswerte sind das Ergebnis heutiger Stromgrößen. Um die Entstehung neuer problematischer Bestandswerte zu vermeiden, muss der Wiederherstellung von Stromwerten Vorrang eingeräumt werden, selbst wenn das bedeutet, den Eigentümern aktueller Bestandswerte weh zu tun.

Bei einer Volkswirtschaft, die unter untragbaren Auslandsschulden leidet, über viele Jahre hinweg angehäuft durch mangelnde Wettbewerbsfähigkeit und sinkende Marktanteile, erscheint die Schuldenlast auf den ersten Blick als das drängendste Problem. Wenn zum Beispiel die Importfinanzierung durch den Kapitalmarkt bedroht wäre oder äußerst kostspielig würde und die Devisenreserven fast aufgezehrt sind, würde ein Land Nothilfe benötigen, weil sich die Export- und Importströme nicht über Nacht anpassen lassen. Es ist jedoch zu betonen, dass selbst die unmittelbare Finanzierung von Importen Teil einer Strategie zur Wiederherstellung von Einkommensströmen sein muss, statt sich auf Bestandswerte zu richten.

Bei vergangenen Währungskrisen wie jenen in Lateinamerika und Asien in den 1980er und 1990er Jahren musste der Internationale Währungsfonds (IWF) eingreifen, weil die Krisenländer nicht in der Lage waren, dem Kapitalabfluss und dem Zusammenbruch ihrer Währungen Einhalt zu gebieten. Sobald der IWF einschritt – wenngleich mit unnötigen und sogar nutzlosen Auflagen, seiner »Konditionalität« –, bestand die Hauptwirkung in der kurzfristigen Importfinanzierung. Da die Abwertung der nationalen Währung mit der Zeit die Wettbewerbsfähigkeit eines Landes verbesserte, wurde der Umschwung für seine Wirtschaft durch vermehrte Exporte und verminderte Importe bewirkt. Der Ausgleich der Außenhandelsbilanz wurde zumeist möglich, weil höhere Importpreise zur Substitution vieler Importe durch heimische Güter führten, sodass die Notwendigkeit der Importfinanzierung vermindert wurde. Sobald die Leistungsbilanz positiv wurde, verschwand der Finanzierungsbedarf und damit die Notwendigkeit einer Stützung durch den IWF.

Die Krise der Europäischen Wirtschafts- und Währungsunion hat, sieht man einmal von der Existenz der gemeinsamen Währung und der sie stützenden Institutionen ab, große Ähnlichkeit mit einer Wechselkurskrise. Schon eine flüchtige Überlegung zeigt, dass die Bereitstellung von Finanzmitteln für Länder mit Leistungsbilanzdefiziten viel leichter sein sollte, während sich der Wechsel von Import- zu heimischen Produkten und die Stimulierung der Exporte weit schwieriger gestalten wird. In einer ordnungsgemäß funktionierenden Währungsunion sollte kein Land Schwierigkeiten haben, seine Importe zu finanzieren, und außerdem würden solche Schwierigkeiten in keinem Fall in derselben Form auftreten wie in einem System frei flottierender Wechselkurse. In einer

Währungsunion werden die Finanzmärkte Leistungsbilanzdefizite, die offenbar unhaltbar geworden sind, vor allem dadurch sanktionieren, dass sie viel höhere Zinsen für die Staatsanleihen des betreffenden Landes verlangen. Dies selbst in solchen Situationen, wo die Staatsverschuldung selbst nicht das Hauptproblem ist, einfach weil der Staat den Märkten als das einzige Gebilde entgegentritt, das sie eindeutig als »national« identifizieren können. Der Staat wird daher als Übeltäter für die Schwierigkeiten in Haftung genommen, in die seine Volkswirtschaft als Ganze geraten ist.

Staaten gehen natürlich nicht in ähnlicher Weise Bankrott wie Unternehmen. In einer Welt nationaler Währungen besteht jedoch im Verlauf einer Krise die traditionelle Sanktion der Märkte darin, höhere Zinsen »nachzufragen«, um das wachsende Risiko einer Abwertung auszugleichen – das größte Risiko für Anleger, die Anleihen ausländischer Staaten halten. Als die Krise der Eurozone ausbrach, war zu beobachten, dass die Zinsen auf Staatsanleihen der peripheren und anderen Länder rasch stiegen, obwohl gar kein Risiko einer Abwertung bestand. Für Länder mit einem niedrigen Staatsschuldenbestand wie Irland und Spanien galt dieselbe Logik wie für Griechenland mit seiner hohen Staatsverschuldung. Im Fall Spaniens bestand keine Gefahr einer Pleite; das Risiko eines Staatsbankrotts wurde erst später durch die Entscheidung der Troika in das System eingeführt, um den Ausfall eines Teils der griechischen Staatsschulden zu erlauben. So verwechselten Beobachter der Krise häufig die Notlage des Landes mit jener des Staates. Die darauf folgende politische Reaktion war sofort, das Problem der öffentlichen Verschuldung anzugehen und lange Zeit das Problem der Einkommensströme des Landes zu ignorieren. Das war der völlig falsche Ansatz.

Selbst bei frei beweglichen Wechselkursen gibt es häufig einen harten Konflikt zwischen der Anpassung der Bestandswerte und der Einkommensströme. Man kann den Ernst der

Schwierigkeiten, denen Private und Institutionen mit offenen Positionen oder Auslandsschulden in einem Land gegenüberstehen, dem eine Abwertung droht, gar nicht überschätzen. Im Vorfeld der argentinischen Krise 2001 zum Beispiel waren viele Private ebenso wie die Regierung in US-Dollar verschuldet. Daher fürchteten sie eine starke Abwertung des Peso (der zu dieser Zeit seit zehn Jahren zu einem Kurs von 1:1 fest an den Dollar gebunden war), denn dies hätte umgehend zu einer Explosion der Privat- und Staatsschulden geführt, wenn diese in der nationalen Währung ausgedrückt worden wären. Folglich versuchte die argentinische Regierung, die Parität des Peso mit dem Dollar mit allen Mitteln zu verteidigen, und das für lange Zeit. Aber ein Land in einer tiefen Rezession und mit einer überbewerteten Währung braucht einen Nachfragestimulus, und einen solchen konnte eine Abwertung der Währung liefern, was immer dies für die Bestandswerte bedeutete. Am Ende ließ sich der völlige Zusammenbruch des argentinischen Currency-Board-Systems (mit einem festen Wechselkurs zum US-Dollar) nicht mehr verhindern.

In der Wirtschafts- und Währungsunion liegen die Dinge komplizierter, aber die zugrunde liegende Logik ist ähnlich. Wenn ein Land zu einer »inneren Abwertung« gezwungen wird, das heißt zu Lohnkürzungen, um seine internationale Wettbewerbsfähigkeit zu stärken, wird die deflationäre Wirkung dieser Politik den realen Wert sowohl der inländischen wie der ausländischen Schulden erhöhen, weil der Nominalwert der Schulden unverändert bliebe, während die Einkommensströme schrumpfen. Wenn ein Land zum Verlassen der Währungsunion und zur Abwertung seiner neuen Währung gezwungen wird, greift dieselbe Logik wie im Fall frei beweglicher Wechselkurse. Gleichzeitig kommen Überschussländer in den Genuss von niedrigeren Zinsen auf Staatsanleihen. Außerdem würde in diesen Ländern der reale Wert aller Schulden, darunter auch jener des Staates, fallen, wenn die

Anpassung die Form einer »inneren Aufwertung« annimmt, das heißt höhere Löhne, höhere Lohnstückkosten und mit der Zeit eine höhere Inflation.

Die Notwendigkeit, sich vordringlich mit den Einkommensströmen zu befassen, wird aus einer anderen Perspektive noch offenkundiger. Versucht man, einer untragbaren Schuldenlast nur durch Anpassung der Bestandswerte zu begegnen, ohne Einfluss auf die Einkommensströme zu nehmen, wird das schon deswegen schnell scheitern, weil sich die maßgebliche Größe zur Messung der Verschuldung verändert. In Griechenland zum Beispiel gab es 2011/12 einen Schuldenschnitt, der komplett scheiterte, weil die Wirtschaft des Landes aufgrund der Sparpolitik und Lohnkürzungen abstürzte.

Darüber hinaus kommt es wesentlich darauf an, zu verstehen, dass bei einem Land, das seine Staatsverschuldung dadurch beträchtlich vermindert, dass es seinen Bankrott erklärt, die Gläubiger einen Wertverlust erleiden, der exakt den Wertgewinn der Regierung spiegelt. Handelt es sich bei den Leidtragenden um inländische Anleger, im Fall Griechenlands 2011/12 war das die überwältigende Mehrheit, leidet darunter auch die Binnennachfrage. Die privaten Ausgaben werden vermindert und eine restriktive Wirkung auf die Wirtschaft insgesamt kann dann nur vermieden werden, wenn aus irgendeinem Grund die Konsumneigung stiege oder die Investitionen beträchtlich zunähmen. Doch selbst wenn die Gläubiger der Staatsschulden hauptsächlich im Ausland säßen, wäre es nur schwer vorstellbar, dass eine Regierung, die so drastische Maßnahmen ergriffe, ihre eigene Wirtschaft sofort und nachdrücklich stimulieren könnte (zum Beispiel durch höhere Defizite), ohne neuerliche Sanktionen der Finanzmärkte befürchten zu müssen. Kurz, gegen eine untragbare Schuldenlast anzukämpfen, indem man sich vorrangig oder gar ausschließlich auf die Bestandsschulden konzentriert, ist eine brutale und problematische Option.

Man beachte, dass sich die meisten der oben erörterten Effekte symmetrisch ebenso auf das Defizit- wie auf das Überschussland auswirken beziehungsweise auf das abwertende ebenso wie auf das aufwertende Land. Eine Währungsaufwertung ereignet sich in der Regel in einer kurzen Zeitspanne und ist üblicherweise das Ergebnis einer erzwungenen und chaotischen Anpassung. Das aufwertende Land wird eine höhere Bewertung seiner Bestandswerte verzeichnen, aber die Einkommensströme werden notwendigerweise darunter leiden, da die Exporte in internationaler Währung teurer, die Importe in nationaler Währung billiger werden. So wird auch im Überschussland die Anpassung erhebliche Schmerzen bereiten.

Der Punkt ist, dass in einer Währungsunion die Beseitigung einer Wettbewerbskluft durch höhere Lohnzuwächse in den Überschussländern und geringeres (oder gar kein) Lohnwachstum in den Defizitländern über einen langen Zeitraum gestreckt werden kann und dadurch für die Volkswirtschaften weniger brutal ist. Das Schlüsselland für eine solche Politik ist Deutschland. Wenn Deutschland bereit wäre, einen Plan für eine koordinierte Lohnanpassung anzunehmen, würde der damit verbundene strukturelle Wandel nicht notwendigerweise die Anpassungsfähigkeit Einzelner und der Unternehmen überfordern. Genauer gesagt, sollte das Lohnwachstum in Deutschland bis zu einem Punkt beschleunigt werden, an dem sich die Reallöhne mindestens parallel zur Produktivität entwickeln, während die Inflation im Einklang mit dem EZB-Ziel stünde. Das Wachstum der Reallöhne würde die Kaufkraft der Verbraucher in Deutschland stärken, auch für Importe. Fallen die Nominallohnzuwächse noch stärker aus (das heißt übertreffen sie das Produktivitätswachstum plus das gemeinsame Inflationsziel), würde die benötigte Zeit für eine gesamteuropäische Anpassung noch kürzer.

Eine so geartete Politik würde auf die Einkommensströme zielen und eine langsame, aber stetige Lösung des Problems der stark unterschiedlichen Wettbewerbsfähigkeit der Mitgliedsländer möglich machen. Durch die wachsende deutsche Nachfrage würde sie anderen Volkswirtschaften einen Schub geben. Selbst eine solche Lösung würde beträchtliche Zeit in Anspruch nehmen, um die Ungleichgewichte auszugleichen, die sich in den ersten zehn Jahren der Wirtschafts- und Währungsunion aufgetan haben. Die Erwartung ist nicht abwegig, dass es zehn oder zwanzig Jahre dauern würde, um eine Situation zu erreichen, in der alle Länder ein Einkommenswachstum erzielen können, das ihrer wirtschaftlichen Stärke entspricht und nicht von den Zwängen der Importfinanzierung beeinträchtigt würde. Leider existieren die gesellschaftlichen und politischen Allianzen für eine solche Politikwende in Deutschland und dem Rest Europas zum gegenwärtigen Zeitpunkt nicht.

Der entscheidende Punkt liegt im Wesen einer Währungsunion selbst begründet. Die Vereinheitlichung von Geld in einem Papiergeldsystem beruht letztlich auf dem Vertrauen in die Institutionen, die das Papiergeld kontrollieren und verpflichtet sind, seinen Wert zu garantieren. Vertrauen lässt sich nicht regional aufspalten, und in einer Währungsunion kann es auch keine unterschiedlichen Grade des Vertrauens geben, denn Vertrauen ist entweder überall oder nirgendwo. In einer ordnungsgemäß funktionierenden Währungsunion kann Vertrauen in die Behörden allein auf ihrem Versprechen gründen, den Wert des Geldes stabil zu halten. Das Vertrauen hängt ganz zentral von der Fähigkeit der Union ab, Ungleichgewichte unter den Mitgliedsstaaten, die aus Divergenzen der Wettbewerbsfähigkeit erwachsen, zu verhindern. Es hängt außerdem von der Bereitschaft der Behörden ab, stabiles Wachstum und eine hohe Beschäftigung zu sichern und jeder beteiligten Volkswirtschaft zu erlauben, »auf den eigenen Beinen zu stehen«. Die Europäische Wirtschafts- und Währungsunion hat bei all diesen Tests versagt und ist durch die blinde Übernahme eines verfehlten theoretischen Ansatzes zu einem Vehikel der wirtschaftlichen und politischen Vorherrschaft Deutschlands über Europa geworden.

2. Bei erzwungener Anpassung der Wettbewerbsfähigkeit wird Deflation zur Hauptgefahr

Der nun in der Wirtschafts- und Währungsunion begonnene Anpassungsprozess – wie er von der »Troika«, das heißt von EZB, Europäischer Kommission und IWF vorgeschlagen und erzwungen wurde – steuert genau in die entgegengesetzte Richtung des oben Gesagten. Die Troika ging von der Annahme aus, dass Deutschland als Hauptgläubigerland die richtige Politik verfolgt hat, während die Schuldnerländer alles falsch gemacht haben. Es ist jedoch, wie oben gezeigt, im Fall der Währungsunion eindeutig ungerechtfertigt, die Schuldner zu tadeln und die Gläubiger zu bevorzugen. Asymmetrische Anpassung – das heißt Lohnkürzungen und Deflation in den Defizitländern, aber eine unveränderte Politik in Deutschland – ist das Rezept für ein Desaster. Wettbewerbsfähigkeit ist ein relatives Konzept, und wenn alle Länder versuchen, ihre Wettbewerbsfähigkeit durch Lohnkürzungen zu steigern, wird das Ergebnis zu einem Abstiegswettlauf. In einem solchen Wettrennen kann kein Land seine Bedingungen verbessern, vielmehr verlieren alle, weil die Inlandsnachfrage in der gesamten Union fällt.

Das angemessene Kriterium zur Beurteilung der Politik in den Mitgliedsstaaten der Währungsunion muss das gemeinsame Inflationsziel sein. Wenn die Behörden der Währungsunion entschlossen sind, sich an das vereinbarte Inflationsziel von zwei Prozent in der Union als Ganzes zu halten, muss Deutschland nach oben von diesem Ziel abweichen und Lohnsteigerungen zulassen, die seinen Produktivitätspfad übersteigen und den Anstieg der Lohnstückkosten zeitweilig über das gemeinsame Inflationsziel hinaustreiben. Gleichzeitig müssen andere Länder die früheren Wachstumsraten ihrer Lohnstückkosten drosseln.

Gegenwärtig ist die Währungsunion in Gefahr, in eine Deflationsfalle zu tappen. Wenn Deutschland keine Lohnerhöhungen liefert, die deutlich über vier Prozent liegen (man beachte, dass die Lohnabschlüsse 2014 deutlich darunter lagen, und 2015 dürfte in dieser Hinsicht kaum einen großen Wandel bringen), müssten die Löhne in anderen Ländern, besonders Frankreich und Italien, in absoluten Begriffen fallen. Das würde ihre Volkswirtschaften hart treffen, die Arbeitslosigkeit aufgrund des Absinkens der Inlandsnachfrage erhöhen und folglich den politischen Aufruhr verschärfen. Angesichts der Tatsache, dass südeuropäische Länder einschließlich Spanien bei der Kürzung von Löhnen sehr weit gegangen sind und sich Deutschland weigert, sich in die entgegengesetzte Richtung zu bewegen, haben sich die Bedingungen für Frankreich und Italien dramatisch verschlechtert. Wenn sie versuchen, sich in Zukunft an das gemeinsam vereinbarte Inflationsziel zu halten, werden sie von dem immer noch sehr wettbewerbsfähigen Deutschland und den südeuropäischen Ländern, deren Wettbewerbsfähigkeit sich verbessert hat, heftig in die Zange genommen.

Folglich ist das wahrscheinlichste Ergebnis eine Deflation in der gesamten Eurozone, wobei sich Frankreich und Italien früher oder später gezwungen sehen werden, dem Weg Südeuropas zu folgen – zumindest, sofern die Währungsunion weiter Bestand hat. Mit Preissteigerungen unterhalb der Zwei-Prozent-Linie und sogar unter einem Prozent zeigen sich seit der zweiten Hälfte 2013 in der Währungsunion deutliche Anzeichen einer Deflation. Selbst wenn die EZB ihre Werkzeuge wesentlich aggressiver einsetzen würde, hat sie doch nur eng begrenzte Möglichkeiten, eine von niedrigen Löhnen getriebene Deflation zu bekämpfen.

Angesichts der gegenwärtigen Ausgestaltung der europäischen Politik wird die entscheidende Frage sein: Wie lange kann die Demokratie funktionieren, wenn eine Regierung nach der anderen die Fähigkeit einbüßt, die Wirtschaft zu stimulieren und die Arbeitslosigkeit zu bekämpfen? Wenn die Geschichte dafür irgendeine Lehre bereithält, so ist es eine schlichte Lektion: Nach vielen fruchtlosen Versuchen, sich an die Regeln zu halten und sich auf das Spiel der Gläubiger einzulassen, wird ein Punkt erreicht, an dem die Regierung eines Schuldnerlandes dem politischen und gesellschaftlichen Zusammenbruch ins Auge sieht. An diesem Punkt wird es schließlich das tun müssen, was zum Überleben getan werden muss.

Eine Möglichkeit wäre es sicherlich, eine Koalition innerhalb der Währungsunion zu gründen, die Druck auf Deutschland ausübt, sich symmetrisch anzupassen. Aber ein solcher Druck wäre nur glaubhaft, wenn diese Koalition in der Lage wäre, Deutschland mit einer realistischen Option zu drohen. Das könnte nur der Austritt aus der Union mit Einführung einer nationalen Währung sein, die dann stark abwerten würde. Ein solcher Schritt wäre beispiellos und würde von gewaltigen kurzfristigen Spannungen begleitet. Angesichts des aktuellen Ausblicks für Europa wird jedoch eine Zeit anbrechen, wo dies unvermeidlich wird. Das ist der Grund, warum die technische, gesellschaftliche und politische Vorbereitung auf eine solche Eventualität für eine verantwortliche Politik in Europa augenblicklich unverzichtbar ist. Die Modalitäten und Implikationen dieser Option – insbesondere für die Peripherieländer mit Fokus auf Griechenland – werden im Rest des Buches ausführlicher erörtert.

3. Die Rolle des Fiskaldefizits und der nationalen Einkommensströme in Deutschland

Seit Beginn der Währungsunion sind finanzpolitische Sparmaßnahmen, das heißt Anstrengungen zur Verminderung der öffentlichen Defizite und öffentlichen Schulden, unter dem Etikett »gesunde makroökonomische Politik« das Credo der europäischen Politiker und Wirtschaftsanalysten. Diese Sparpolitik soll, so wird angenommen, eine entscheidende Weichenstellung leisten, um die Kräfte des Marktes und des Unternehmertums freizusetzen. Tatsächlich kam ihr nie diese Bedeutung zu. Markt und Staat können perfekt koexistieren und einander tatsächlich zum beiderseitigen Vorteil ergänzen. Darüber hinaus sind fiskalpolitische Ziele für eine Währungsunion von sekundärer oder gar tertiärer Bedeutung.

Zu normalen Zeiten besteht die Rolle der öffentlichen Ausgaben hauptsächlich in der Allokation ausreichender Ressourcen für die Bereitstellung öffentlicher Güter, der Sicherstellung einer gerechten und effizienten Besteuerung sowie der produktiven Verwendung jenes Teils des verfügbaren Kapitals, dass nicht vom Privatsektor absorbiert wird. Unter solchen Umständen haben die öffentlichen Finanzen keinen direkten Einfluss auf die Inflation oder die externe Leistungsbilanz.

Aber die Zeiten sind selten normal. Angesichts ungewisser Konjunkturaussichten, hoher und steigender Arbeitslosigkeit und wirtschaftspolitischer Doktrinen, die sich auf die Minimierung der Rolle der Regierung und des Staats im Allgemeinen konzentrieren, sind die öffentlichen Haushalte zunehmend zum Scharnier zwischen Staat und Markt geworden. Sie haben, im Guten wie im Schlechten, Auswirkungen auf die Integration der nationalen Volkswirtschaften in die Weltwirtschaft.

In einem richtungsweisenden Buch hat Richard Koo gezeigt, dass Finanzkrisen die Tendenz haben, in »Bilanzrezessionen« zu münden.[20] Sobald es zu einer solchen Rezession kommt, wird Intervention für die Regierung zum Gebot der Notwendigkeit, und das aus einem einfachen Grund. Wenn sich Unternehmen und private Haushalte nach einer Finanzkrise ins Zeug legen, um ihre Bilanzen in Ordnung zu bringen, werden sie nämlich eifrig ihre Ausgaben kürzen und auf geldpolitische Anreize nicht in der Weise reagieren, dass sie ihre kreditfinanzierten Ausgaben erhöhen. Die privaten Haushalte sind üblicherweise Nettosparer, und so könnte ein Land einer Bilanzrezession nur entgehen, ohne sein Staatsdefizit drastisch zu erhöhen, indem es sich auf andere Länder als seine Schuldner stützt. Das ist exakt die Situation Deutschlands im Verhältnis zum Rest der Währungsunion.

Wenn das unmöglich wäre (wie es bei der Welt als Ganzes und bei den meisten Ländern der Fall ist), muss jeder Staat, in dem es Nettoersparnisse gibt, die nicht automatisch in Investitionen fließen, sein Staatsdefizit erhöhen. Kurz, die Regierung muss aktiv die fehlenden Kreditnehmer und Investoren des Privatsektors ersetzen. Das Gleiche gilt für Volkswirtschaften, die unter dem Druck hoher Arbeitslosigkeit, einer ungleichen Einkommensverteilung, von Lohnstagnation und sehr hohen und weiter steigenden Profiten stehen, wie in den vorangegangenen Kapiteln gezeigt.

Das Zusammenspiel von Ersparnissen und Investitionen lässt sich bis zu einem gewissen Grad auch durch die Untersuchung der Nettofinanzströme in verschiedenen Sektoren der Wirtschaft analysieren. Diese Ströme summieren sich, wenn der Rest der Welt einbezogen wird, auf null, da die Welt als Ganzes keine Defizite oder Überschüsse haben kann. Deutschland ist in diesem Kontext mehr als jedes andere Land der Währungsunion das entscheidende Fallbeispiel, das es zu betrachten gilt, da es das Problem der Nachfragestimulierung ohne die Aufgabe einer sparsamen Haushaltsführung gelöst zu haben scheint.

Grafik 7 stellt das Muster der Nettofinanzströme in Deutschland über die letzten 50 Jahre dar. In den 60er Jahren (linke Grafik) war die Nettokreditaufnahme des Unternehmenssektors das Hauptgegenstück zu den Nettoersparnissen der Haushalte. Während dieser Periode trugen weder der Staat noch andere Länder wesentlich zur Absorption der privaten Ersparnisse bei. In den ersten zehn Jahren seit 2000 jedoch, nach Einführung der Wirtschafts- und Währungsunion, entstand eine gänzlich anders geartete Welt (zu sehen in der rechten Grafik). Der deutsche Unternehmenssektor bewegte sich von seiner traditionellen Defizitposition fort und schlüpfte in die Rolle eines Nettosparers. Zu Beginn der ersten Dekade der Währungsunion befand sich die Regierung noch im Defizit. 2009 jedoch beschloss sie, ihre Nettokreditaufnahme praktisch zu beenden, indem sie eine »Schuldenbremse« ins Grundgesetz aufnahm, die fortan nur noch eine kleine jährliche Nettokreditaufnahme des Staates erlaubt.

Grafik 7: Nettofinanzströme in Deutschland

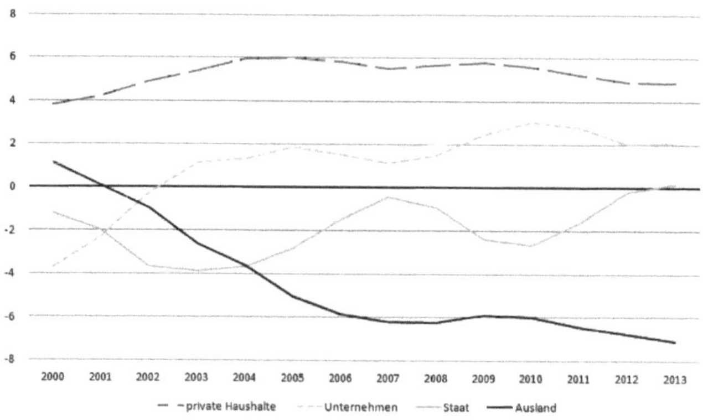

Quelle: Deutsches Finanzministerium; AMECO-Databas (per Mai 11); eigene Berechnungen

Das unvermeidliche Gegenstück des Bestrebens aller Sektoren der deutschen Volkswirtschaft, zu Nettosparern zu werden, ist die wachsende Verschuldung ausländischer Staaten bei den deutschen Kreditgebern. Der Mechanismus, der Deutschland dieses außerordentliche Ergebnis ermöglicht hat, wurde in früheren Kapiteln detailliert erläutert, einschließlich der realen Abwertung über das Lohndumping, das durch Druck auf die Gewerkschaften vonseiten der Regierung im Verein mit den Arbeitgebern bewirkt wurde. Für die EU war das Ergebnis verheerend, während es die deutsche Wirtschaft auf einen unhaltbaren Wachstumspfad geschickt hat, der die Wirtschaftspolitik vor ein enormes Problem stellen wird.

Die Herausforderung für Deutschland besteht darin, seine Unternehmen zur Rückkehr zu Bedingungen zu überreden, unter denen sie viel weniger verdienen und viel mehr investieren. Die unglaubliche Steigerung der deutschen Gewinne in der zweiten Hälfte des ersten Jahrzehnts der Währungsunion verdankte sich dem gewaltigen Erfolg deutscher Unternehmen in Europa und auf der ganzen Welt, der zumeist auf Kosten ihrer europäischen Nachbarn ging. Es ist in diesem Buch gezeigt worden, dass in Abwesenheit des Exportkanals das deutsche Experiment der Lohnzurückhaltung vollständig gescheitert wäre, da es die Inlandsnachfrage substanziell gedrosselt hat. Noch wäre die Anhäufung von Gewinnen ohne das Exportwachstum, das weitgehend von Deutschlands realer Abwertung getrieben wurde, möglich gewesen. Bei weit geöffnetem Exportkanal nutzten deutsche Unternehmen, die sich auf handelbare Güter spezialisieren, die goldene Gelegenheit, ihren Marktanteil und zugleich ihren Gewinnanteil zu vergrößern. Die Währungsunion begünstigte deutsche Kapitalexporte ungemein, aber nicht die deutschen Arbeiter und Haushalte.

Da sich die meisten der ehemaligen Importeure deutscher Güter in Europa in einer wirtschaftlich prekären Lage befinden und nicht länger gewillt sind, die Rolle der Schuldner zu spielen, muss sich die von Deutschland verfolgte Politik radikal ändern. Politikern stehen in Bezug auf Löhne und Steuern Handlungsoptionen offen. Es muss eine Umstrukturierung der Gesamtnachfrage in Richtung einer Stärkung der Binnennachfrage und einer Schwächung der ausländischen Nachfrage erreicht werden. Die erste und wichtigste Maßnahme dazu wäre die Abkehr von der Lohnzurückhaltung und die Sicherstellung einer ausgedehnten Phase des Lohnwachstums. Natürlich ist mit dem erbitterten Widerstand der Arbeitgeber zu rechnen, besonders der exportorientierten Unternehmen. Ein energisches staatliches Eingreifen ist entscheidend, um die erforderliche Verlagerung der Machtbalance auf dem Arbeitsmarkt zugunsten der Arbeit zu bewerkstelligen. Gleichzeitig sollte die Regierung die Unternehmenssteuern wieder auf ein normales Maß anheben, mit den Erlösen Investitionen in die Infrastruktur finanzieren und auf diese Weise Firmen fördern, die sich auf inländische Investitionen und die Befriedigung der Binnennachfrage spezialisieren.

Die Herausforderung, vor der Deutschland steht, ist umso größer, als seine gesamte Wirtschaftspolitik darauf ausgerichtet ist, Exportüberschüsse zu erzielen. Die »Exportorientierung« wird in der deutschen Politik und den Medien mit Zähnen und Klauen verteidigt und als alleiniger Weg zu einer prosperierenden Wirtschaft und zur Schaffung von Arbeitsplätzen hingestellt. Doch die deutschen Politiker (und Unternehmen) sollten die Lektion beherzigen, dass andere Nationen nicht systematisch als Schuldner benutzt werden dürfen, nur um sie dann auch noch als »lasch«, »faul« und »leichtsinnig« zu schmähen. Deutschland muss die Grundlagen seines eigenen Wirtschaftsmodells infrage stellen. Dieser mentale Wandel fällt besonders schwer, solange die Notwendigkeit einer wirtschaftspolitischen Neuausrichtung nicht durch ein externes Ereignis wie etwa eine Währungsaufwertung unabweisbar vor Augen tritt. Im Kontext der Währungsunion muss der deutsche Politikwechsel intern durch das Eingeständnis eingeleitet werden, dass sich das in den 1990er Jahren gewählte Modell als untragbar erwiesen hat. Angesichts der politischen und gesellschaftlichen Bedingungen ist es allerdings abwegig, in Deutschland in der absehbaren Zukunft einen solchen Gesinnungswandel zu erwarten.

Die einzige Kraft, die Deutschland aus seiner Selbstgefälligkeit rütteln könnte, wäre der vereinte Druck anderer europäischer Länder einschließlich Frankreichs. Wachgerüttelt werden könnte Deutschland auch, wenn die Wände einzustürzen begännen, wenn ein Land der Währungsunion nach dem anderen zusammenbräche und es vielleicht in gleich mehreren Ländern zu Panikreaktionen käme. Eine Koalition von Schuldnerländern unter Führung Frankreichs könnte, wenn die Länder statt ihrer individuellen Schwäche ihre vereinte Macht erkennen würden, das Ende der Währungsunion androhen, womöglich der einzige Weg, um Deutschland zu zwingen, sein Wirtschaftsmodell zu verändern, ohne eine soziale und wirtschaftliche Katastrophe in ganz Europa zu riskieren. Denn wenn die Währungsunion zerbräche, würden die neuen Währungen der Schuldnerländer – einschließlich des neuen französischen Franc – gegenüber dem alten Euro und der neuen deutschen Währung erheblich abwerten und so ein riesiger Teil des deutschen Exportmarkts über Nacht wegbrechen.

V. Die europäische und globale Unfähigkeit, mit externen Ungleichgewichten umzugehen

1. Das Gesamtwirtschaftliche Ungleichgewichtsverfahren und seine vorurteilsbeladene Anwendung

Die Europäische Kommission rang sich dazu durch, den deutschen Leistungsbilanzüberschuss einer eingehenden Prüfung zu unterziehen und Deutschland dem Verfahren des im Dezember 2011 in Kraft getretenen sogenannten »Six Pack« zu unterziehen, einem Mechanismus zur haushaltspolitischen Überwachung der Eurostaaten mittels fünf neuer Verordnungen und einer Richtlinie, darunter das sogenannte Gesamtwirtschaftliche Ungleichgewichtsverfahren. Das war ein beherzter Schritt der Kommission, doch auch der geschah unter enormem deutschen Druck. So war schon die Entscheidung, Leistungsbilanzüberschüsse anders als -defizite zu behandeln (Überprüfung der Überschüsse ab sechs Prozent des Bruttoinlandsprodukts, der Defizite jedoch ab vier Prozent) durch nichts gerechtfertigt.

Unterdessen wurden die ersten dieser eingehenden Prüfberichte veröffentlicht und bieten eine ernüchternde Lektüre. Betrachtet man die Methodik, mit der die (alte) Kommission die Länder in den Berichten behandelt, offenbaren sich fundamentale Mängel und Fehlurteile. Die allgemeine Einschätzung der Kommission weist zwar in die richtige Richtung, da sie Lohnstückkosten und andere Messlatten der Wettbewerbsfähigkeit berücksichtigt, die Interpretation der Daten ist jedoch von dem neoklassischen Ansatz gefärbt, den die alte Kommission nie abstreifen konnte.[21] Im Ergebnis sprach sie irreführende Empfehlungen für die Politiker auf nationaler Ebene aus. Es war zwar zu erwarten, dass die Kommission ihre Rolle als vermeintlich ehrlicher Makler bei kleineren Ländern nicht durchhalten würde, aber es ist doch bemerkenswert, dass nicht einmal die Leistung der großen Spieler der Währungsunion wie Frankreich und Deutschland unparteiisch bewertet wurde.

Im April 2013 begutachtete die Kommission die französische Volkswirtschaft. Die Autoren des Berichts erkennen bei dem Land tief verwurzelte Probleme, darunter riesige und weiter wachsende Leistungsbilanzdefizite und eine mangelhafte Rentabilität französischer Unternehmen, besonders im Vergleich mit Frankreichs wichtigstem Handelspartner Deutschland.[22] Grafik 8 ist direkt dem Kommissionsbericht entnommen. Sie vergleicht die nominalen Lohnstückkosten in ähnlicher Weise, wie wir es in vorangehenden Kapiteln getan haben, und bezieht auch die Reallöhne und Produktivität mit ein.

Grafik 8

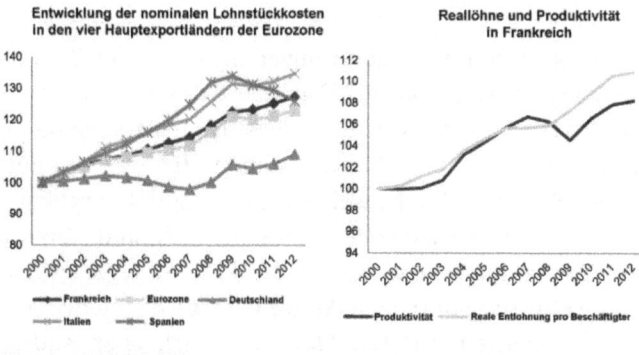

Quelle: Commission Service (Eurostat)

Die Art, wie die Kommission jedoch die riesige Divergenz zwischen Deutschland und Frankreich kommentiert, die sich seit Beginn der Wirtschafts- und Währungsunion entwickelt hat, ist ein eindeutiger Beleg für eine theoretische Voreingenommenheit mit gefährlichen politischen Folgen. So heißt es in dem Bericht:

»Der Verlust des [französischen] Marktanteils im Verlauf des letzten Jahrzehnts fiel mit einer Verschlechterung der Wettbewerbsposition gemessen an der Entwicklung des Lohnstückkostenindikators zusammen. Seit 2000 stiegen die nominalen Lohnstückkosten in Frankreich verglichen mit der Eurozone insgesamt und Deutschland im Besonderen schneller ..., doch nicht so schnell wie in Italien und Spanien, die ebenfalls Marktanteile einbüßten (von 2006 bis 2011 -18,4 % in Italien und -7 % in Spanien). Während der Anstieg der nominalen Lohnstückkosten die Wettbewerbsfähigkeit bei den Kosten verschlechterte, stellte der vorangehende Bericht fest, dass der Aufwärtstrend der Reallöhne die Produktivität zum Nachteil der Rentabilität der Unternehmen überstieg. ...«

Kurz, die Kommission interpretiert die linke Seite der Grafik 8 nach dem Motto »Je niedriger die Lohnstückkosten, desto besser«. Mit einem solchen Ansatz der ökonomischen Analyse und in der Wirtschaftspolitik wird es der Kommission nicht gelingen können, die Währungsunion aus der Krise zu führen. Ein Wettbewerb um Senkung der Lohnstückkosten ist absolut unvereinbar mit der Bildung einer Währungsunion auf Grundlage des Prinzips, dass alle Mitglieder eine stabile und positive Inflationsrate erreichen müssen. Eine Währungsunion, die ohne ein ausdrückliches und durchgesetztes Inflationsziel auszukommen versucht, ist zugleich lebensuntüchtig und nutzlos. Das Ziel von 1,9 Prozent, das die EZB vorgegeben hat, wurde eindeutig durch ein Wettrennen um die niedrigsten Lohnstückkosten verletzt. Man hätte sich auch andere Ziele denken können, aber die Vorstellung, dass die Regel lauten sollte, »Je niedriger, desto besser«, ist schlicht absurd angesichts der engen Beziehung zwischen Lohnstückkosten und Preisen.

Ebenso haarsträubend ist der Kommentar der Kommission zur rechten Seite der Grafik 8:

»Die reale Entlohnung der Beschäftigten in Frankreich ist schneller gestiegen als die Produktivität, besonders 2009, was zu einem raschen Anstieg der nominalen Lohnstückkosten führte ... Diese Entwicklung ist zwar in vielen EU-Mitgliedsstaaten verbreitet, sie steht jedoch in starkem Kontrast zu Deutschland, wo die Reallöhne zwischen 2000 und 2007 stagnierten oder abnahmen, was zu einem Abwärtsdruck auf die Lohnstückkosten führte ... Dies belastete zwar die Löhne, schlug auf den Lebensstandard durch und trug zu einer schwachen Binnennachfrage bei, die abnehmenden Lohnkosten ermöglichten es deutschen Firmen jedoch, gleichzeitig ihre Margen zu erhöhen und ihre Preise zu senken, um größere Marktanteile zu gewinnen.«

Dass die Kommission zwar feststellt, stagnierende oder sinkende Reallöhne führten zu einem geringeren Konsum, gleichzeitig aber betont, wie vorteilhaft sich diese Entwicklung auf die Exporte auswirkte, ist mehr als Unsinn: Es ist ein kapitaler Fehler! Die EU-Kommission überwacht, daran kann kein Zweifel bestehen, praktisch eine große, geschlossene Volkswirtschaft. Zu argumentieren, dass für eine große, geschlossene Volkswirtschaft eine Maßnahme wie etwa Lohnmäßigung trotz der damit verbundenen Schwächung der Inlandsnachfrage nützlich sein kann, kann man mit Bürokratenchinesisch nicht rechtfertigen. Wenn der Satz so umformuliert würde, dass er sich auf die ganze Welt bezieht, wäre er blanker Unsinn. Für eine große, geschlossene Volkswirtschaft ebenso wie für die Welt als Ganzes kann angesichts des Gewichts der heimischen Nachfrage im Verhältnis zum Außenhandel ein Zugewinn an Marktanteilen niemals den Verlust der Binnennachfrage wettmachen.

Wie weiter unten gezeigt wurde, hat die Mäßigung des Lohnwachstums in Deutschland die Inlandsnachfrage beträchtlich geschmälert und sogar die Investitionen geschwächt. Das deutsche Modell auf die Europäische Union als Ganzes oder den Euroraum zu übertragen, würde zu gravierenden Fehlern führen. Tatsächlich ist Produktivitätswachstum ohne Nachfragewachstum der Hauptgrund für die Stagnation der Weltwirtschaft als Ganzes. Dasselbe Rezept für ganz Europa vorzuschlagen, das, gelinde gesagt, immer noch in einer Rezession steckt, ist höchst unverantwortlich. Um eine mit wachsender Produktivität zunehmende Arbeitslosigkeit zu vermeiden, ist es notwendig, die nominalen und realen Einkommen einschließlich jener der Arbeitnehmer zu erhöhen.

Der Kommissionsbericht ist ein enttäuschendes Dokument, weil er nicht das leistet, was von dieser einzigartigen europäischen Institution und Wächterin über die Unionsverträge zu erwarten wäre. Im Licht dieses Dokuments ist es schwer zu glauben, dass eine Kommission mit einer so schwachen Leistung irgendein Land der Union fair behandeln oder gar ein großes Land wie Deutschland disziplinieren könnte.

Und tatsächlich untermauert der Bericht zu Deutschland vom März 2014 diesen enttäuschenden Schluss voll und ganz.[23] Auf über hundert Seiten versucht die Kommission herauszufinden, ob Deutschland hinsichtlich seines riesigen und anhaltenden Leistungsbilanzüberschusses für ein Fehlverhalten getadelt werden sollte. Doch aus dem Bericht spricht Verwirrung. Den Autoren gelingt es nicht, den deutschen Handelserfolg zu erklären, da sie sich im Rätsel von Sparen und Investieren verheddern, das auf den folgenden Seiten dargelegt wird. Kurz, die Kommission scheint unfähig, ihr neoliberales Dogma völlig abzustreifen, wenn sie auch zu realisieren scheint, dass diese Sicht nicht zu den Beweisen passt und in einen systematischen Fehler mündet.

So heißt es in der Zusammenfassung des Berichts:

»Beständige sehr große Leistungsbilanzüberschüsse spiegeln häufig eine gedämpfte inländische Nachfragedynamik. Ein Land mit einem Leistungsbilanzüberschuss transferiert Konsum von heute nach morgen, indem es im Ausland investiert. Umgekehrt kann ein Land mit einem Leistungsbilanzdefizit seine Investitionen und seinen Verbrauch heute erhöhen, muss dafür jedoch künftiges Einkommen ins Ausland transferieren, um seine Auslandsschulden zu bedienen. Die Akkumulation mäßiger Überschüsse ist eine willkommene Entwicklung angesichts der Notwendigkeit, einen Teil des gegenwärtigen Einkommens zu sparen, um es im Ausland zu investieren. Soweit die hohen Überschüsse aus großen Lücken bei den Inlandsinvestitionen resultieren, beeinträchtigen sie auch den mittel- und langfristigen Ausblick.«

Und ein paar Zeilen weiter heißt es:

»Deutschland weist makroökonomische Ungleichgewichte auf, die Überwachung und politisches Handeln erfordern. Insbesondere die Leistungsbilanz verzeichnet beständig einen sehr hohen Überschuss, der eine starke Wettbewerbsfähigkeit spiegelt, während ein hoher Anteil der Ersparnisse im Ausland investiert wurde. Sie zeigt ferner an, dass das Inlandswachstum schwach geblieben ist und die Ressourcenallokation möglicherweise nicht effizient war. Obwohl die Leistungsbilanzüberschüsse keine Risiken bergen, die großen Defiziten ähneln, verdienen Ausmaß und Dauer des deutschen Leistungsbilanzüberschusses größere Aufmerksamkeit. Die Notwendigkeit zu handeln, um das Risiko abträglicher Effekte auf das Funktionieren der inländischen Wirtschaft und das Eurogebiet zu vermindern, ist angesichts der Größe der deutschen Volkswirtschaft von besonderer Wichtigkeit.«

Diese beiden widersprüchlichen Feststellungen bedeuten nichts anderes, als dass die Kommission zwischen zwei unterschiedlichen Ansätzen in der Schwebe hängt. Einerseits ist sie unfähig, die »Sparideologie« aufzugeben, wonach durch Kapitalexport »Konsum von heute auf morgen transferiert« werde. Diese Auffassung ist eindeutig falsch: Deutschland hat seinen Kapitalexport, den Gegenposten zu seinem Leistungsbilanzüberschuss nicht investiert, sondern mit diesem Kapital sind seine Produkte gekauft worden. Konsum wurde von Deutschland in andere Länder verlagert, aber nicht Investitionen. Andererseits räumt die Kommission die Möglichkeit einer Investitionslücke in Deutschland ein, die den mittelfristigen Ausblick des Landes beeinträchtigen könnte. Das wirft sofort die Frage auf, wie ein Land mit hohen Investitionen im Ausland eine Investitionslücke haben kann. Sind Investitionen im Ausland so viel schlechter als im Inland, und wenn ja, warum? Warum hat es wohl laut Kommission eine Fehlallokation von Ressourcen gegeben, wo die Deutschen doch so wunderbare Güter für den Konsum im Rest der Welt produzierten? Noch grundsätzlicher gefragt: Warum ist es notwendig, die Wettbewerbsfähigkeit durch Lohnkürzung zu erhöhen, wenn der Zweck der Übung darin besteht, mehr zu sparen?

Die Kommission fährt über viele Seiten hinweg fort, in ähnlicher Weise zu argumentieren. Immer wieder wird anerkannt, dass eine mit magerem Lohnwachstum verknüpfte schwache Binnennachfrage der Grund für den deutschen Leistungsbilanzüberschuss ist, ohne dass daraus jedoch je eine nachdrückliche wirtschaftspolitische Forderung abgeleitet wird. Offensichtlich hat die Kommission ihre liebe Not, zu einer überzeugenden Linie zu finden, aber das gelingt ihr deshalb nicht, weil sie sich von starken neoliberalen Vorurteilen leiten lässt. Da verwundert es kaum, dass die Autoren bereits auf Seite 25 ihr Scheitern eingestehen: »Die tieferen ökonomischen Gründe für den anhaltend sehr hohen Überschuss bleiben jedoch schwer erklärlich.« Auf Seite 27 folgt der Schluss: »Eine modellbasierte Analyse stützt die Auffassung, dass das Spar- und Investitionsverhalten der inländischen Wirtschaftsakteure eine wichtige Determinante des Anstiegs des deutschen Leistungsbilanzüberschusses gewesen ist.« Das Unerklärliche bleibt zwar unerklärlich, aber es hat wohl etwas mit dem Sparen und Investieren zu tun. Die Kommission hat einen eleganten Weg gefunden, exakt nichts zu sagen.

Trotzdem wird die Rolle der Lohnstückkosten von der Kommission nicht völlig ignoriert:

»Die Entwicklung der Lohnstückkosten hat beträchtliche Aussagekraft für die deutsche Wettbewerbsfähigkeit gegenüber dem Rest der Eurozone. ... Innerhalb des Eurogebiets ... sind die Lohnkosten eine entscheidende Triebkraft für die Preise von Gütern und Dienstleistungen. Folglich verbesserte die wachsende Kluft bei den nominalen Lohnkosten im Vergleich zu anderen Mitgliedsstaaten vor der Krise eindeutig die deutsche Wettbewerbsfähigkeit bei Kosten und Preisen, was auch daran lag, dass der Lohnzuwachs in vielen anderen Ländern höher war als die Zunahme der Produktivität.«

Offenbar also sind die Lohnstückkosten eine wichtige Determinante der Wettbewerbsfähigkeit, aber das hat laut Kommission mehr mit den Löhnen in anderen Ländern zu tun, die den Zuwachs der Produktivität übersteigen, als damit, dass die deutschen Löhne hinter die Produktivität zurückfallen, und eine auf beide Fälle anwendbare Maßnahme scheint es aus ihrer Sicht nicht zu geben. Doch selbst das hindert die Kommission ein paar Seiten weiter nicht, Deutschland zu seinem Erfolg zu beglückwünschen und darin einen Vorteil für die EU als Ganzes zu erkennen.[24]

Insgesamt hat die Kommission, deren Amtszeit 2014 endete, ein Dokument vorgelegt, das von Verwirrung und Ignoranz zeugt und ein schlechtes Beispiel für ihre Rolle bei künftigen Konflikten setzt. Die Kommission ist der politischen und wirtschaftlichen Macht Deutschlands erlegen, statt mit plausiblen Argumenten die kleineren Länder zu verteidigen. Außerdem offenbart der Bericht, welche intellektuellen Schwierigkeiten es der Kommission bereitet, die Sachlage zu prüfen und die komplexe Wechselwirkung von Volkswirtschaften zu verstehen, ohne dabei herrschenden Vorurteilen auf den Leim zu gehen. Dem Makroökonomischen Ungleichgewichtsverfahren wurde in dem Bestreben, im Gefolge der Eurozonenkrise eine bessere Integration zu schaffen, enormes Gewicht gegeben. Durch ihre Parteilichkeit und vorurteilsbeladende Herangehensweise hat die Kommission jedoch bis heute dafür gesorgt, dass die ganze Übung vergeblich geblieben ist. Ob die neue Kommission unter Jean-Claude Juncker, die 2014 ins Amt kam, diesen Ansatz grundlegend ändern wird, bleibt abzuwarten. Die Tatsache, dass auch weltweit und unter den Akademikern Verwirrung über diese Frage vorherrscht, verheißt für die Aussicht auf einen grundlegenden Wandel der Kommissionsarbeit nichts Gutes.

2. Das globale politische Scheitern, externe Ungleichgewichte zu vermeiden

Oben wurde bereits angesprochen, dass Leistungsbilanzungleichgewichte nicht *per se* der Hauptfokus der Wirtschaftspolitik sein sollten. Angesichts der Schwierigkeiten, angemessene Grenzen zu quantifizieren, bei denen Ungleichgewichte wirklich untragbar werden, ist hier Zurückhaltung geboten. Ganz zu schweigen von den zahlreichen Umständen, unter denen Ausnahmen geduldet werden können. Es gibt einige gute Gründe, warum eine Leistungsbilanz zu einem gegebenen Zeitpunkt ein Defizit oder einen Überschuss ausweist. Die inländische Wirtschaft eines Landes zum Beispiel könnte schneller wachsen als diejenige der Handelspartner, was zu einem höheren Anstieg der Importe als der Exporte führt (wie zum Beispiel bei den Vereinigten Staaten in den 1990er Jahren). Ein anderer Grund könnte sein, dass ein Land ein großer Importeur eines Gutes ist, dessen Preis nach oben tendiert, wodurch seine Importrechnung ohne irgendeinen Ausgleich durch höhere Exporte anschwillt (zum Beispiel jene Gruppe von Ländern mit »niedrigem Einkommen und Nahrungsmitteldefizit«). Noch ein weiterer Grund könnte sein, dass ein

Land bevorzugt ausländischen Unternehmen als Produktionsstandort dient, um dort im großen Maßstab Waren herzustellen, es in der dortigen Bevölkerung aber nicht viele Schichten mit ausreichend hohem Einkommen gibt, um so viele Importe zu konsumieren, durch die sich die hohen Exporte ausgleichen ließen (Beispiel China).

In all diesen Fällen ist ein kurzfristiger Puffer von Nettokapitalzuflüssen oder -abflüssen vonnöten, um das reibungslose Funktionieren des internationalen Handelssystems zu gewährleisten. Mit anderen Worten, Leistungsbilanzdefizite und -überschüsse sind für sich genommen noch keine Anzeichen eines systemischen Problems, das nach koordinierter Intervention verlangt. Zudem kommt es in erster Linie gar nicht so sehr auf die Leistungsbilanzposition irgendeines einzelnen Landes an – manche Rohstoffexporteure zum Beispiel können damit rechnen, ihre Überschüsse auf unbestimmte Zeit fortzuschreiben (etwa Saudi Arabien). Worauf es wirklich ankommt, ist ein Verlust der Wettbewerbsfähigkeit eines ganzen Landes.

Die einzigen eindeutig untragbaren Ungleichgewichte in der Leistungsbilanz sind diejenigen, die ihren Ursprung in einem Verlust der Wettbewerbsfähigkeit der Volkswirtschaft als Ganzes haben, was sich in einer Aufwertung des realen Wechselkurses spiegeln würde. Eine allgemeine Überbewertung der Währung eines Landes bedeutet, dass der nominale Wechselkurs seiner Währung gegenüber anderen Währungen um mehr aufgewertet hat, als im Hinblick auf die Differenz zwischen inländischem Preisniveau und Lohnstückkosten gerechtfertigt ist.

Die Tatsache, dass Wechselkurse in dieser Hinsicht eine zentrale Rolle spielen, wird durch eine Fülle von empirischen Beweisen bezüglich der Faktoren untermauert, die eine Leistungsbilanzumkehr beeinflussen. Der *Trade and Development Report 2008* von UNCTAD zum Beispiel zeigte, dass Umkehrungen der Leistungsbilanz weniger durch die autonomen

Spar- und Investitionsentscheidungen von inländischen und ausländischen Akteuren angetrieben werden als von externen Schocks auf den Güter- und Finanzmärkten. Insbesondere waren Leistungsbilanzverbesserungen gewöhnlich begleitet von positiven Erschütterungen der Austauschrelationen, sogenannten *Terms-of-Trade*-Schocks, realer Wechselkursabwertung, oder durch eine Panik auf den internationalen Kapitalmärkten gefolgt vom plötzlichen Versiegen der Kapitalströme.

Der tiefere Grund, warum politische Entscheidungsträger auf internationaler Ebene unfähig sind, auf Leistungsbilanzdefizite und -überschüsse angemessen zu reagieren, besteht in ihrer Neigung, vom Einzelnen aufs Ganze zu schließen. Länder, die sich gegenüber ihren Handelspartnern über lange Zeiträume hinweg verschulden, stehen früher oder später vor dem Problem der Tragfähigkeit ihrer Schulden und ihrer Fähigkeit, den Schuldendienst zu leisten und die Hauptschuld zurückzuzahlen. Die Schuldentilgung zwischen Ländern setzt jedoch immer die Bereitschaft des Gläubigers voraus, die Position zu tauschen und von einem Nettogläubiger zu einem Nettoschuldner zu werden. Verschuldete Privatleuten können ihre Position von Schuldnern zu Gläubigern ändern, indem sie ihren Konsum einschränken oder irgendwie ihr Einkommen erhöhen, ohne dass sie dazu je ein Tätigwerden des Gläubigers in Anspruch nehmen müssen. Aber das ist in den meisten Fällen, in denen die Gläubiger und Schuldner Länder sind, nicht möglich. Wenn das Gläubigerland seine Position mit allen Mitteln verteidigt, wird es für das Schuldnerland sehr schwer, wenn nicht unmöglich, die Situation umzukehren.

Das ist das wohlbekannte »Transferproblem«, das Keynes in seinem berühmten Buch *Die wirtschaftlichen Folgen des Friedensvertrags* in Zusammenhang mit den Konsequenzen des Versailler Vertrags nach dem Ersten Weltkrieg analysierte. Er kam darin zu dem verblüffenden Schluss, dass Deutschland, nachdem es zu ungeheuren Kriegsreparationen gezwungen worden war, am Ende über einen ausgedehnten Zeitraum hinweg einen Leistungsbilanzüberschuss aufbauen musste und Marktanteile auf Kosten der Alliierten gewinnen musste, wenn es jemals in die Lage kommen wollte, die Reparationen zu zahlen. Wenn sich die Alliierten weigerten, Deutschland diesen wirtschaftlichen Manövrierraum zuzugestehen, würden die Reparationszahlungen schlicht unmöglich.

Es ist tragisch, dass Deutschland, das Opfer der alliierten »Konditionalität« der damaligen Zeit, seine gegenwärtige Beziehung zu den Peripheriestaaten der Europäischen Währungsunion nicht begreift. Deutschland besteht auf seiner Position, dass »jeder seine Wettbewerbsfähigkeit verbessern muss«, verteidigt aber – gleichzeitig – seinen internationalen Marktanteil.[25] So verhindert Deutschland rundweg eine Lösung der Eurozonenkrise, indem es ein »Transferproblem« schafft. Wettbewerbsfähigkeit ist ein relatives Konzept, und Leistungsbilanzen müssen für die Eurozone als Ganzes ausgeglichen sein, da der Rest der Welt keine Leistungsbilanzüberschüsse von einem so großen Länderblock akzeptieren würde und seine Position durch Beeinflussung der Wechselkurse durchsetzen könnte. Folglich verletzt der deutsche Ansatz fundamentale ökonomische Logik. Dass das so ist, liegt jedoch auch an der Unfähigkeit der herrschenden Ökonomie, das notwendige Material für einen soliden Ansatz zu liefern.

3. Das Scheitern der herrschenden Wirtschaftstheorie bei der Erklärung von Handelsungleichgewichten

Es sollte an dieser Stelle betont werden, dass die von IWF, Europäischer Kommission und anderen internationalen Organisationen gewöhnlich herausgegebenen Analysen und politischen Empfehlungen unter ähnlich fundamentalen theoretischen Mängeln leiden. Besonders die Schlussfolgerungen über die Welt auf Grundlage einer Identität wie der Gleichsetzung von Ersparnissen und Investitionen ex post, also in der Rückschau, sind gewöhnlich nutzlos. Es bedeutet nichts, eine Volkswirtschaft zu untersuchen, die ein externes Ungleichgewicht aufwies, und zu entdecken, dass – nach den Buchführungsstandards – kein Land ein Leistungsbilanzdefizit aufbauen kann, das nicht durch andere Länder (durch deren Netto-»Ersparnisse«) finanziert wird.

Die Identität von Ersparnissen und Investitionen sagt rein gar nichts, weder über die Kausalität noch über die Mechanismen, die sie hervorbringen. Kausalität und die theoretischen Beziehungen zwischen dem Verhalten von Wirtschaftsakteuren im Inland und im Ausland müssten zunächst etabliert werden, bevor es gelingen kann, politische Schlussfolgerungen aus ihnen zu ziehen. Die traditionelle Hypothese der neoklassischen Theorie, dass Ersparnisse vorangehen und Investitionen folgen, ist schlicht nicht haltbar. Es reicht, sich vor Augen zu führen, dass gegenwärtig die meisten ärmeren Länder der Welt Überschussländer sind. Sind die Überschüsse der armen Länder das Ergebnis eines Überschusses an Ersparnissen im eigentlichen Wortsinn, oder resultieren sie aus der schlichten Angst, wieder vor einem Leistungsbilanzdefizit zu stehen angesichts der schmerzlichen Erfahrung der Finanzkrisen und »Konditionalität« in Form strenger Auflagen der Gläubiger in den 1980er und 1990er Jahren?

Selbst ein anspruchsvoller und (im amerikanischen Sinn des Wortes) liberaler Ökonom wie Paul Krugman ist in die Falle getappt, Buchhaltung zur Theorie des Außenhandels und der internationalen Transaktionen zu machen. Als Krugman vor einiger Zeit den neuen Nobelpreisträger Eugene Fama kritisierte, hat er in hervorragender Weise die Bedeutung buchhalterischer Zusammenhänge für die ökonomische Analyse deutlich gemacht. Er schrieb als Antwort auf Famas Behauptung, dass eine höhere Sparquote zu höheren Investitionen führt: »Auch wenn er überhaupt keine Ahnung von der Geschichte der Makroökonomie hätte, sollte sich Fama gleich einmal selbst fragen, warum die Kausalität überhaupt von Ersparnissen zum Investieren führt. Warum sollte es nicht umgekehrt laufen?«[26] Nun, das ist genau die Frage, die Krugman sich selbst hätte stellen sollen, als er sich mit einem anderen buchhalterischen Zusammenhang beschäftigte, nämlich mit dem, wonach die ausländischen Ersparnisse immer genau gleich dem inländischen Leistungsbilanzdefizit sind. Denn in seinem eigenen Werk und seinen politischen Empfehlungen ist er genau dieser Identität auf den Leim gegangen.

Im oben genannten Fall des inländischen Defizits steht Krugman auf festem Boden, weil er die Dynamik des Gesamteinkommens in dem Fall betont, wenn Konsumenten beschließen, mehr zu sparen. Wenn die Verbraucher ihre Ausgaben reduzieren, um mehr zu sparen, bedeutet das für die Unternehmen, dass ihre Kapazitätsauslastung abnimmt oder es zu ungeplanten Lagerbeständen kommt und sie deswegen ihre Investitionen eher zurückfahren als vergrößern. Daraus schließt Krugman, dass in diesem Fall

»die Verbraucher sich in einer Situation befinden, in der sie nicht so viel sparen können wie geplant, weil ihr Einkommen sinkt. Natürlich werden diese unbeabsichtigten Ergebnisse zu weiteren Verhaltensänderungen führen, wobei die Firmen die Produktion zurückfahren und die Konsumenten das Sparen wieder reduzieren, bis schließlich eine Art Gleichgewicht erreicht wird, wo das gewünschte Sparen und das gewünschte Investieren sich entsprechen; dieses neue Gleichgewicht ist aber nicht notwendigerweise eines, bei dem die Investitionen gestiegen sind, die Investitionen könnten auch gefallen sein.«

Und auch seine allgemeine Schlussfolgerung ist richtig:

»Der Punkt ist jedenfalls, dass buchhalterische Zusammenhänge nur bis zu einem gewissen Grad aussagekräftig sind. Wenn man behauptet, dass diese Zusammenhänge einem alles erklären, ohne eine Vorstellung davon, wie die Dinge zusammenhängen, ist das einfach nur schlechte Ökonomie.«

Wenn es aber um externes Sparen und das buchhalterische Gegenstück dazu geht, kommt er nicht zu dieser Erkenntnis.[27] In Reaktion auf die deutsche Kritik am Angriff des US-amerikanischen Finanzministeriums, das den deutschen Leistungsbilanzüberschuss kritisiert hatte, schreibt Krugman:

»Ein grundlegender buchhalterischer Zusammenhang lautet, dass Leistungsbilanz = Ersparnisse – Investitionen.
Jede Geschichte über die Bestimmung der Leistungsbilanz muss diesen Zusammenhang berücksichtigen … Während es beeindruckend ist, dass Deutschland einen Überschuss trotz ziemlich hoher Kosten für den Faktor Arbeit hat, und dies beweist, dass die deutschen Güter eine gute Qualität haben, so reflektiert der Überschuss am Ende doch die hohen Ersparnisse im Verhältnis zu den Investitionen.«

In diesem Fall scheint Krugman eine grundlegende Beziehung in der externen Dynamik moderner Volkswirtschaften entgangen zu sein. Aber das ist nicht neu. Bereits 1992 stellte er fest:

»Ein externes Defizit muss als Gegenstück einen Überschuss von inländischen Investitionen über inländische Ersparnisse haben, … und deswegen ist es naheliegend, nach Quellen für das Defizit zu suchen, die in einer autonomen Veränderung der nationalen Sparquote liegen.«[28]

In Erwiderung darauf habe ich angemerkt, dass es

»nicht gerechtfertigt [ist], davon auszugehen, dass dieser Zusammenhang kausal gedeutet werden kann, und dem Sparen eine besondere Rolle in dem Prozess einzuräumen. Die Tatsache, dass sich aus einer Ex-Post-Perspektive in einem Land eine Lücke zwischen Sparen und Investieren auftut, deutet nicht auf eine »autonome« Entscheidung irgendeines ökonomischen Agenten in irgendeinem der beteiligten Länder hin. Die Pläne einer Gruppe von Akteuren können nicht realisiert werden ohne die hoch komplexe Interaktion dieser Pläne mit den Plänen anderer Akteure sowie preisliche und mengenmäßige Veränderungen, und das alles unter der Bedingung objektiver Unsicherheit bezüglich der Zukunft. Um der Ex-post-Gleichheit von Ersparnissen und Investitionen einen Informationsgehalt zu geben, ist es notwendig, die Variablen zu identifizieren, die wiederum Sparen, Konsum und Investitionen determinieren und folglich das Nationaleinkommen bestimmen, zusammen mit den Einkommen aller anderen beteiligten Länder.

In einem nicht-stationären Umfeld vergrößert jede Ausgabenerhöhung (Zunahme der Nettoverschuldung eines Sektors) die Gewinne, und jede Zunahme des Sparens (Entstehung oder Vergrößerung einer Netto-Gläubiger-Position) reduziert die Gewinne. Ob Sparen oder Investieren sich hier oder da verändern, ob die Begünstigten (oder Verlierer) des Anpassungsprozesses in dem Land beheimatet sind, wo der Schock entstand, oder in anderen Ländern, ändert am Lauf der Dinge nichts. Die Entscheidung einer bestimmten Gruppe ökonomischer Agenten (privat oder öffentlich, in- oder ausländisch), weniger von ihrem laufenden Einkommen auszugeben, vermindert die Gewinne. Somit ist es gerade umgekehrt, wie man nach Krugmans Äußerung erwarten könnte. Ein kleineres Leistungsbilanzdefizit (das bedeutet, dass weniger ausländische Ersparnisse ins Land kommen) kann tatsächlich höhere inländische Gewinne bedeuten und mehr Investitionen statt eines Rückgangs der Investitionen.«

Ein Leistungsbilanzdefizit oder ein wachsender »Zufluss ausländischer Ersparnisse« entpuppt sich oft als das Ergebnis fallender *Terms of Trade* (Realtauschverhältnisse) oder einer dauerhaften Aufwertung der Währung. Steigende Ölpreise zum Beispiel, die durch eine steigende Nachfrage in einem neuen großen Verbraucherland wie China induziert werden, erhöhen die Ölrechnung in den Industrieländern, weil die

Nachfrageelastizität nach Öl kurzfristig sehr gering ist. Das bedeutet, dass auch bei höheren Preisen die gleichen Mengen wie vorher nachgefragt werden. Es wird ein Leistungsbilanzdefizit in den Verbraucherländern auftreten und die höhere Ölrechnung wird vom internationalen Bankensystem finanziert (was wiederum leicht gemacht wird durch die Tatsache, dass die Banken erwarten können, dass die erdölexportierenden Länder ihre zusätzlichen Erlöse schnell auf die Kapitalmärkte in die Verbraucherländer zurückexportieren). Wieder würde die buchhalterische Betrachtung einen Anstieg der ausländischen Ersparnisse anzeigen, ohne dass auch nur ein einziger Haushalt die autonome Entscheidung getroffen hätte, mehr zu sparen als zuvor.

Eine reale Aufwertung der heimischen Währung bringt normalerweise die Verbraucher dazu, mehr ausländische Produkte zu kaufen, und reduziert die Nachfrage von vergleichbaren inländischen Produkten. Wenn das Bankensystem des Handelspartners bereit und in der Lage ist, die dadurch entstehende Lücke zwischen Importen und Exporten zu finanzieren (was einfach ein Verbraucherkredit für ausländische Kunden ist), wird das inländische Einkommen sinken, weil die Erträge und Gewinne (die unternehmerischen Ersparnisse) der inländischen Firmen sinken (während die Gewinne in den Abwertungsländern steigen). Auch in diesem Fall zeigen die buchhalterischen Zusammenhänge eine Zunahme von ausländischer Ersparnis, aber auch diesmal, ohne dass ein einzelner privater Haushalt in den anderen Ländern die autonome Entscheidung getroffen hat, mehr als zuvor zu sparen.

Wenn sich folglich ein Mitglied einer Währungsunion wie Deutschland entscheidet, politischen Druck auf die einheimischen Lohnverhandlungen auszuüben, um seine Wettbewerbsfähigkeit zu verbessern, werden als Erstes (als Folge dieses Effekts, der auf eine reale Abwertung hinausläuft) die heimischen Waren auf den Märkten der Handelspartner billiger und ausländische Produkte dort werden von den deutschen Produkten verdrängt. Die anderen Mitglieder der Währungsunion erleben eine reale Aufwertung und ihre einheimischen Firmen müssen einen Verlust der Wettbewerbsfähigkeit hinnehmen. Die inländischen Banken der Defizitländer sind gewillt, die immer größer werdende Lücke zwischen Importen und Exporten zu finanzieren, solange sie auf die Refinanzierung durch die EZB innerhalb der Währungsunion zählen können.

Wiederum ist nichts bei den Sparern in Deutschland passiert. Weder private noch öffentliche Haushalte haben ihr Verhalten geändert. Die deutschen Firmen, die wegen des politischen Drucks auf die Löhne im Vorteil sind, machen mehr Gewinn im Auslandsgeschäft als zuvor, und ausländische Firmen machen weniger Gewinn. Dennoch gibt es einen Leistungsbilanzüberschuss in Deutschland, was in der buchhalterischen Identität so aussieht, als ob Deutschland mehr spart als zuvor.

Folglich ist die Kapitalfluss-Hypothese, mit der man auch in Deutschland die Eurokrise zu erklären versucht, falsch. Die Vorstellung, dass Deutschland einen Sparüberschuss hatte und dass die deutschen Ersparnisse in Spanien, Italien oder sogar Frankreich benötigt wurden, um dort Häuser und Hotels zu bauen, ist durch nichts gerechtfertigt. Um den riesigen deutschen Leistungsbilanzüberschuss zu erklären, reicht es nicht aus zu argumentieren, dass die niedrigen Zinsen in Deutschland den deutschen Sparer dazu brachten, im Ausland zu investieren. Tatsächlich waren die nominalen Zinsen überall in der Eurozone genau gleich hoch wie in Deutschland. Real waren die Zinssätze im Rest der Eurozone tatsächlich niedriger, denn die Preise und Löhne waren dort auf einem höheren Wachstumspfad als in Deutschland.

4. Grundsätzliche Fehler im neoklassischen Verständnis der Ersparnisse

Die grundsätzliche Schwäche des herrschenden Verständnisses von Ersparnissen, das sich auch die Europäische Kommission zu eigen zu machen scheint, tritt deutlich zutage, wo es um konkrete Verhaltensänderungen der Wirtschaftsakteure geht. Wenn zum Beispiel die Sparquote der Haushalte oder des öffentlichen Sektors oder auch anderer Länder (wie etwa Erdölexporteure) plötzlich steigt, stehen Unternehmen plötzlich vor einer sinkenden Nachfrage und abnehmenden Profiten und werden mit Zurückhaltung bei den Investitionen reagieren. Unter diesen Bedingungen nimmt die Theorie der »rationalen Erwartungen«, ein Ableger der neoklassischen Theorie, an, dass die Unternehmen beschleunigtes Wachstum als Folge steigender Ersparnisse erwarten können. Folglich würden die Firmen ihre Investitionsausgaben erhöhen *trotz der Tatsache*, dass die Nachfrage abnimmt, vielleicht, indem sie die Finanzierung der höheren Investitionen von Eigenkapital (Cashflow und Gewinne) hin zu verzinslichen Darlehn verlagern. Der diesem Wandel zugrunde liegende Mechanismus beruhte demnach auf gesunkenen Zinsen aufgrund höherer Spareinlagen.

Dieses Argument führt zu höchst verwirrenden Schlussfolgerungen. Es stimmt, dass die Firmen nach einem Absinken der Nachfrage potenziell dasselbe Gewinnniveau halten können wie bei gleichbleibendem Konsum. Aber dafür müssten sie ihre Investitionen um genau die Menge erhöhen, die gespart wird statt in Konsumausgaben zu fließen. Und das wird von ihnen erwartet, obwohl die Nachfrage nach ihren Produkten gesunken ist. Die Schlussfolgerung wäre also, dass Unternehmen mehr verzinsliche Kredite nachfragen, um die durch geschwundenen Konsum aufgerissene Gewinnlücke zu schließen.

Mit anderen Worten, die investierenden Firmen steigern ihre Kreditaufnahme beim Finanzsystem exakt um die Menge, die sie »umsonst« eingestrichen hätten, wenn die

Haushalte fortgefahren wären, so viel wie vorher auszugeben. Doch selbst wenn die Zinssätze Richtung null tendieren, ist es offenkundig, dass die von den Unternehmen benötigten Mittel zum Schutz ihrer Gewinne nun teurer wären als zuvor. Kurz, die herrschende Wirtschaftstheorie nimmt praktisch an, dass Unternehmen mehr investieren würden als zuvor, obwohl sie unverkaufte Lagerbestände anhäufen und/ oder ihre Kapazitätsauslastung herunterfahren müssten, und obwohl die Finanzierung ihrer Investitionen teurer wird.

Akzeptiert man die Annahme konstanter oder Nullprofite *a priori*, lässt sich die Dynamik des Systems im Sinne einer Glättung des Privatkonsums über die Zeit erklären. Danach passen sich Unternehmen passiv an die Entscheidungen der Haushalte an, ohne das Gleichgewicht der Werte des Modells oder die ihm innewohnende Stabilität zu gefährden. Eine solche Ökonomie würde ausschließlich von den autonomen Entscheidungen der Konsumenten getrieben, da das Modell im Grunde von völlig reaktiven Unternehmern ausgeht, die bei ihren Investitionsentscheidungen nie die tatsächlichen Bedingungen berücksichtigen, denen ihre Geschäftstätigkeit unterliegt. Die Verschlechterung ihres Geschäfts in der Gegenwart wird grundsätzlich als Beleg für gesicherte (erwartete) Verbesserungen in der Zukunft gewertet. Diese gesamte Vorstellung ist nicht weit von Absurdität entfernt, aber sie spiegelt exakt das, was die Gläubigerländer in der Eurozone unter Führung von Deutschland gepredigt haben.[29]

Politiker, die sich auf diese Art des Denkens stützen, begreifen üblicherweise nicht, dass es Schlüsselfaktoren des Wirtschaftslebens einfach nicht erfasst. Vor allem erfasst es den Faktor Zeit nicht und, eng damit verbunden, die Verfügbarkeit von Informationen, die für die Abfolge von Entscheidungen der Wirtschaftsakteure unter der Bedingung einer ungewissen Zukunft ins Gewicht fallen. In einer Welt des Geldes und der Ungewissheit hat die Entscheidung, zu sparen und weniger zu konsumieren, weitreichende Auswirkungen auf die Gütermärkte, bevor sie sich auf das Finanzsystem auswirken kann. Aber selbst wenn man die mögliche Reaktion des Finanzsystems berücksichtigt, verschlechtert, wie Keynes argumentierte, ein »Entschluss, heute kein Abendessen zu haben … das Geschäft, heute ein Abendessen zuzubereiten, ohne das Geschäft der Vorsorge für einen zukünftigen Verbrauchsakt anzuregen«.[30]

In einer Welt der Unsicherheit und flexiblen Gewinne kann die Absicht einzelner Personen, eine absolut höhere Summe zu sparen, völlig scheitern, weil das künftige Einkommen, das sie am Ende der Periode erwirtschaftet haben werden, ja insgesamt niedriger ausfallen kann als das Einkommen, dass sie sich zu Beginn der Periode erwartet hatten. Selbst wenn es Haushalten gelingt, ihre Sparquote, also den Anteil des von ihrem gegenwärtigen Einkommen Gesparten, zu erhöhen, kann die absolute Größe des gesparten (und investierten) Einkommens immer noch niedriger ausfallen, da der Sparquotennenner (das heißt das Realeinkommen) aufgrund abnehmender Nachfrage und Gewinne mit einem dadurch ausgelösten Sinken der Investitionen gefallen sein könnte.

Die Auswirkungen des Unterschieds zwischen der keynesianischen und der neoklassischen Theorie der Ersparnisse für die Wirtschaftspolitik sind enorm. Wenn entweder das Niveau oder die Wachstumsrate des Realeinkommens nicht gegeben und konstant ist, dann sind die Folgen der Öffnung von Märkten und von politischen Interventionen von überwältigender Bedeutung. Das neoklassische Modell fester Gewinne lässt der Wirtschaftspolitik nicht viel Manövrierraum. Seine wirtschaftspolitischen Optionen laufen aber auf genau das Gegenteil der Empfehlungen hinaus, die sich aus dem keynesianischen Modell flexibler Gewinne ergeben. Für Politiker, die sich Handlungsempfehlungen wünschen, ist es von elementarem Interesse, das Modell zu kennen, dem sie entspringen.

Wenn Einkommenswachstum das Hauptziel der Wirtschaftspolitik ist, und wer würde daran zweifeln, dann muss es der Wirtschaftspolitik darum gehen, zu gewährleisten, dass die Investitionspläne regelmäßig die Sparpläne übersteigen. In einer solchen Welt würde die Wirtschaft als Ganzes selbst bei einem unveränderten privaten Anreiz zu »Sparsamkeit« immer noch kräftig expandieren. Die »Ersparnisse«, die mit den gestiegenen Investitionen korrespondieren, würden von den Investitionen durch Gewinne selbst generiert. Diese Gewinne würden das makroökonomische Sparen darstellen, das aus der Ex-post-Perspektive erforderlich ist, um die zusätzlichen Investitionen zu »finanzieren«. Veränderungen in der modernen Welt, so beschreibt Keynes den Ansatz flexibler Gewinne, werden »in der Hauptsache durch die Abweichung der Gewinne vom Nullpunkt herbeigeführt. Durch die Änderung der Gewinnrate können die Unternehmen veranlasst werden, das eine statt das andere zu produzieren; durch die Veränderung der Gewinnrate im Allgemeinen können sie veranlasst werden, ihre durchschnittlichen Offerten in Bezug auf die Entschädigung der Produktionsfaktoren zu verändern.«[31]

In den Debatten zwischen den Verfechtern der beiden Ansätze wird außerdem häufig vergessen, dass die Anpassung des Sparens an die Investitionen in der Praxis von verschiedenen Arten exogener Erschütterungen überlagert wird. Die Zinsen zum Beispiel könnten nicht fallen, wenn die Geldpolitik einem höheren Preisniveau begegnen muss, das von einem negativen Angebotsschock oder durch die Abwertung der nationalen Währung hervorgerufen wurde – der türkische Versuch im Januar 2014, eine Abwertung der Lira zu verhindern, ist dafür ein gutes Beispiel. Die Zinsen können sogar in einem zyklischen Abschwung steigen, wenn die Finanzmärkte einem kleinen Land höhere Zinsen diktieren. Die negativen Effekte einer sinkenden privaten Nachfrage auf die Gewinne können schließlich durch eine prozyklische Fiskalpolitik sogar noch verschlimmert werden, wenn irrigerweise »Austerität« als Lösung angesehen wird.

VI. Die Europäische Wirtschafts- und Währungsunion steuert auf ein Desaster zu

1. Die aufkommende europäische Währungsuneinigkeit

Anfang 2014 betrug die Arbeitslosigkeit in der Europäischen Union zwölf Prozent. In Spanien und Griechenland überstieg sie 25 Prozent, die Jugendarbeitslosigkeit erreichte sogar exorbitante 55 Prozent. Mehr als alles andere zeigen diese Zahlen das Scheitern der EU bei der Bewältigung der durch die »Eurozonenkrise« entstandenen Probleme. Der dramatische Einbruch bei Wachstum und Arbeitslosigkeit wurde zwar zuerst durch die globale Krise von 2007 bis 2009 ausgelöst, nach 2010 wurden die Schuldnerländer der Europäischen Währungsunion jedoch der Mittel zur Bekämpfung der Rezession beraubt und gezwungen, einer prozyklischen Politik von einem Ausmaß zuzustimmen, wie man es zuletzt in den 1930er Jahren erlebt hat.

Das deutsche Mantra der »Sparpolitik als einziger Lösung« wurde auf alle Länder angewandt, die gezwungen waren, um Hilfe zu bitten, als ihnen der Zugang zu den globalen Kapitalmärkten verwehrt wurde oder de facto durch sehr hohe Zinsen blockiert war.[32] Wieder einmal beherrschte die Obsession mit scheinbaren fiskalischen Problemen die Debatte und die Bedingungen, deren Erfüllung von der Troika und der Eurogruppe eingefordert wurde, um die Kassen der Gläubigernationen zu öffnen. Diese Bedingungen zielten darauf, die Haushalte der Defizitländer um jeden Preis und so schnell wie möglich zu konsolidieren.

Angesichts der deutschen Vorherrschaft über die Exportmärkte und der Weigerung Deutschlands, sein eigenes Wirtschaftsmodell anzupassen, sieht die Zukunft der Eurozone trostlos aus. Der Mangel an politischen Instrumenten zur Bekämpfung der Rezession, die Konditionalität der den Krisenvolkswirtschaften aufgezwungenen Anpassungsprogramme, die dysfunktionale »strukturelle« Anpassung selbst und die drohende Aussicht einer Deflation haben die Kosten eines Verbleibs in der Währungsunion bis zu einem Punkt nach oben getrieben, wo der politische Aufruhr der Rechten die Demokratie und die EU bedroht. Die Unfähigkeit, die hohe Arbeitslosenrate und steigende Armut zu bekämpfen, hat rechtsextremen und populistischen, europafeindlichen Parteien in den Schuldner- ebenso wie den Gläubigerländern den Weg geebnet. Gegen diese Gefahr sind die Vorzüge einer Mitgliedschaft in der Währungsunion gering und, was noch wichtiger ist, sie schwinden rasch.

Die Desintegration der Kapitalmärkte in der Währungsunion im Gefolge der Finanzkrise hat die Vorzüge drastisch vermindert, zur Währungsunion zu gehören und eine gemeinsame Währungspolitik zu akzeptieren. Beinahe fünf Jahre nach dem Ausbruch der Eurozonenkrise hat sich die Lage nicht wesentlich verändert. Die Rückkehr Irlands, Spaniens und Griechenlands an die Kapitalmärkte forderte einen ungeheuer hohen Preis, da die Länder angesichts des Umstands, dass sie sich in einer Rezession und Deflation befanden, sehr hohe Zinsen auf ihre Staatsanleihen zahlen mussten. Aber schlimmer noch waren die beispiellosen Anpassungskosten, die sie akzeptieren mussten, um überhaupt an diesen Punkt zu gelangen. Zudem sind durch die limitierte Fähigkeit, Geld auf den Kapitalmärkten aufzunehmen, die Beschränkungen der inländischen Wirtschaftspolitik nicht beseitigt. Besonders Griechenland, wie detailliert im letzten Kapitel dieses Buches gezeigt wird, steht weder die Fiskalpolitik noch irgendein anderes normales wirtschaftspolitisches Mittel zu Verfügung, um eine Wirtschaft zu stimulieren, die eine große Depression durchlitten hat. Gleichzeitig sind die monetären Bedingungen (Zinsen und reale Wechselkurse) für die Defizitländer eindeutig schlechter als für die Überschussländer. In den Überschussländern erreichen die Zinsen für Staatsanleihen Rekordtiefstände, was ihnen eine leichte Haushaltskonsolidierung ermöglicht, während günstige monetäre Bedingungen ihre Volkswirtschaften zu stimulieren beginnen.

Für die Wirtschafts- und Währungsunion als Ganzes hat die Durchführung »struktureller Reformen« auf den Arbeitsmärkten mehrerer Länder gleichzeitig zu einem dramatischen Schwund der Inlandsnachfrage geführt und zum Zusammenbruch der Handelsströme beigetragen. Der Effekt von Lohnkürzungen in Ländern, in denen die Binnennachfrage die Auslandsnachfrage bei weitem übertrifft, hat die Gesamtnachfrage unmittelbar geschwächt (in Frankreich, Italien, Portugal und Spanien macht die Inlandsnachfrage drei Viertel der Gesamtnachfrage aus; in Irland dagegen beträgt der Exportanteil am Bruttoinlandsprodukt über 100 Prozent). Auf diese Weise haben die erzwungenen Lohnkürzungen die Arbeitslosigkeit unmittelbar verschärft, statt sie, wie die Troika erwartet hatte, zu verringern.

Folglich gab es eine bemerkenswert enge Korrelation zwischen der von der Troika verlangten Anpassung und dem wirtschaftlichen Niedergang der peripheren Länder der Währungsunion. Je strikter die Länder die Vorschriften der Troika befolgten, desto stärker schrumpften ihre Volkswirtschaften oder brachen sogar zusammen. Frankreich und Italien erlebten trotz unveränderten Anstiegs der Löhne (und Lohnstückkosten) eine starke Abschwächung des Wachstums. Alle Länder, die seit 2010 der »Troika-Kur« unterworfen wurden, hatten tatsächlich mit einem atemberaubenden Niedergang zu kämpfen.

Paradoxerweise bieten gerade jene Länder, die mit der Verbesserung ihrer Wettbewerbsfähigkeit weit vorangekommen sind, indem sie Löhne kürzten, den letzten Beweis, dass dies gerade der falsche Weg ist, um Fortschritte zu machen. Tatsächlich ist es noch schlimmer als das: Die brutale Anpassungslogik, die einigen kleineren Ländern aufgezwungen wurde, bedeutete, dass andere, darunter Frankreich und Italien, sie gar nicht anwenden konnten, ohne eine ernste politische Destabilisierung zu riskieren. Wenn Frankreich und Italien den Weg der Troika beschreiten würden, dürfte die gesamte Eurozone beinahe sicher in eine Wirtschaftskrise stürzen, die zu einem steilen Preissturz und einer langwährenden Deflation führen würde.

Es ist kaum vorstellbar, dass die demokratischen Regimes in diesen Ländern ein solches Ereignis überleben würden. Es ist sogar wahrscheinlich, dass radikale rechte Parteien mit Kampagnen gegen Europa und den Euro die Vorherrschaft erlangen würden. Wenn Frankreich und Italien andererseits ihre Volkswirtschaften nicht anpassen, verlieren sie ihre Wettbewerbsfähigkeit und damit ihre Fähigkeit, auf Basis einer ausgeglichenen Handelsbilanz zu prosperieren. Ihre Leistungsbilanzdefizite würden weiter steigen und ihre gesamten Volkswirtschaften in Gefahr bringen. Falls Frankreich und Italien jedoch nicht die Anpassungsprogramme der Troika anwenden und Deutschland seine Haltung nicht ändert, wäre ein Ende des Euros als gemeinsame Währung nur eine Frage der Zeit.

Kurz, die in den ersten Jahren der Wirtschafts-und Währungsunion akkumulierten Divergenzen und die furchtbare Art der Anpassungsprogramme haben das Überleben der Europäischen Union selbst infrage gestellt. Und doch scheint den europäischen Politikern diese Tatsache zu entgehen. Sie sind noch weniger gewillt denn je, an einer politischen Anstrengung mitzuwirken, um das Steuer der Gesamtwirtschaft herumzureißen und den wachsenden Divergenzen innerhalb der Währungsunion Einhalt zu gebieten. Die Aussicht einer Desintegration und schließlich des Zusammenbruchs der Union lässt sich nicht länger ignorieren.

2. Weder eine politische Union noch eine Transferunion sind plausible Lösungen für die Währungsunion

Etliche normalerweise realistische Menschen – sogar innerhalb der Linken – träumen immer noch von einem politisch völlig vereinten Europa, das dabei helfen würde, die Schwierigkeiten zu überwinden, in denen die Währungsunion gegenwärtig steckt. Es besteht kaum ein Zweifel, dass dies nicht mehr als ein Traum ist, der nicht das politische Handeln leiten sollte. Seine entscheidende Schwäche ist, dass es kein europäisches Staatsvolk (*demos*) gibt, das das Funktionieren der politischen Union in ganz Europa gewährleisten könnte. Noch besteht eine realistische Aussicht, dass ein solcher *demos* in der absehbaren Zukunft entstehen könnte. Tatsächlich würden die demokratischen Rechte der europäischen Völker durch jegliche weiteren Bestrebungen, in der Hoffnung auf Schaffung eines europäischen »Superstaats« oder einer politischen Union die Nationalstaaten in Europa zu umgehen, gravierend kompromittiert. Die Leistung der EU-Maschinerie im Verlauf der Krise, wo sie häufig den demokratischen Prozess in den Mitgliedsstaaten der Währungsunion umging und in Italien und Griechenland sogar dabei half, nicht gewählte Premierminister einzusetzen, ist ein ernüchterndes Omen.

In Wirklichkeit demonstrieren in den letzten fünf Jahren die offenkundige Unfähigkeit und mangelnde Bereitschaft, die Gründe für das Scheitern der Währungsunion ehrlich zu diskutieren, wie gespalten die europäischen Länder tatsächlich sind. Zu glauben, dass dieselben Länder mit denselben politischen Systemen in ganz Europa ein gemeinsames Bewusstsein dafür schaffen könnten, dass eine echte politische Union Europa voranbringen würde, und dass sich ein solches Bewusstsein dann auch in eine verbesserte demokratische Praxis umsetzen ließe, ist schlicht töricht. Die heutige Erfahrung zeigt, dass angesichts der offenkundigen Unfähigkeit der europäischen Institutionen, ein komplexes System wie die Wirtschafts- und Währungsunion zu steuern, die Union ein zu ehrgeiziges Ziel war. Der stillschweigende Versuch, eine politische Union schneller herbeizuführen, indem man eine Währungsunion gründet, ist weitgehend fehlgeschlagen und hat Europa in einem schlechteren Zustand zurückgelassen als zuvor. Paradoxerweise muss Europa, wenn es wieder vorankommen will, zuerst den Rückzug antreten.

Im Kern des Scheiterns der Währungsunion liegt Deutschlands Wirtschaftsmodell. Andere europäische Länder waren unfähig, das deutsche Modell offen infrage zu stellen und das Land zu überzeugen, dass es nicht einmal in seinem eigenen Interesse ist, sich für den Wettstreit statt die Kooperation zwischen den Nationen zu entscheiden, besonders unter den Mitgliedern der Währungsunion. Deutschland hat sich als die dominante Macht der EU herausgeschält, die anderen ihre Bedingungen diktiert, die entscheidenden Einfluss auf die politischen Debatten auf EU-Ebene nimmt und eifersüchtig über ihre Vorteile wacht. Einzugestehen, dass Mangel an Kooperation für die absehbare Zukunft eine Tatsache des Lebens sein wird, ist ein notwendiger erster Schritt auf dem Weg, die institutionellen Arrangements neu zu gestalten, die für eine friedliche Arbeitsteilung in Europa erforderlich sind.

Ohne eine Währungsunion wäre es wieder möglich, Währungsabwertungen als Instrument der Wirtschaftspolitik einzusetzen und so die Versuche einiger Länder abzuwehren, andere wirtschaftlich zu überrollen. Tatsächlich war in der modernen Geschichte Abwertung der am häufigsten benutzte Mechanismus, um auf das Verhalten eines aggressiven Handelspartners zu reagieren, ohne zu offenem Protektionismus überzugehen. Ein System geordneter Abwertungen (und Aufwertungen auf der anderen Seite) könnte die Kernidee bewahren, auf der die wirtschaftliche Integration Europas gründet, nämlich dass ein relativ freier Handel besser ist als Autarkie.

Schließlich wäre die Bildung einer Transferunion zur Stützung der Währungsunion weder ein machbarer noch ein wünschenswerter Schritt unter unabhängigen und souveränen Staaten. Selbst in Deutschland – einem einzelnen Land mit derselben Sprache und derselben Geschichte – konnte die Transferunion, die eingerichtet wurde, um die Probleme durch die deutsche Währungsunion von West- und Ostdeutschland zu bewältigen, keine harmonische Koexistenz der beiden konstituierenden Teilen herstellen und führte häufig zu politischen Spannungen. Es gibt keinen Mitgliedsstaat in der EU, dessen Bevölkerung akzeptieren würde, abhängig von deutschen Transfers zu werden, um auf diese Weise vorhandene wirtschaftliche Ungleichgewichte zu konsolidieren und zu vermeiden, sich auf die Kapitalmärkte stützen zu müssen. Ebenso stehen Deutschland und andere Überschussländer bereits jetzt vor enormen (objektiven und subjektiven) Schwierigkeiten, ihre Bürger zeitweilig zu überzeugen, vermeintlich »faule Südländer« zu finanzieren, und rechtsgerichtete Parteien sind in der Lage, den schwärenden Unmut auszuschlachten. Die Institutionalisierung eines Systems von Fiskaltransfers, um mit Haushalts- und/oder Leistungsbilanzungleichgewichten in der Währungsunion umzugehen, wäre ein Rezept für tiefgreifende nationalistische Spannungen in der Zukunft.

VII. Was kann und was sollte die Linke tun?

1. Bislang eine konfuse Reaktion

Wenn die Antworten der europäischen Behörden auf die Eurozonenkrise haarsträubend waren, so war die Reaktion der europäischen Linken auf die Herausforderung der Turbulenzen und der konservativen Verhärtung der Europäischen Wirtschafts- und Währungsunion nicht gerade beeindruckend. Die Linke hinkte den Ereignissen allgemein hinterher und versäumte es, aus der tiefsten Krise des europäischen Kapitalismus seit dem Zweiten Weltkrieg Kapital zu schlagen. Was kühne Ideen angeht, blieb sie gegenüber der Rechten und sogar den Rechtsextremen häufig abgeschlagen. Charakteristisch für die Linke war ihre Unfähigkeit, ein überzeugendes Wirtschaftsprogramm auf die Beine zu stellen, mit dem sich die Krise lösen, Wachstum schaffen und zugleich die Bedingungen der Arbeitnehmer verbessern ließen.

Fairerweise ist anzumerken, dass die politische Linke durchaus eine scharfe Kritik der Sparpolitik, Liberalisierung und Privatisierung anzubieten hatte: Sie zeigte die Hohlheit der neoliberalen Ökonomie auf, verurteilte Lohnsenkungen als Antwort auf die Arbeitslosigkeit und trat für Finanzkontrolle und öffentliche Investitionen ein. Aber sie versäumte es auch, diese Ideen zu einem kohärenten Gesamtentwurf zusammenzuführen, um eine überzeugende Antwort auf die Krise zu geben. Ein Hauptgrund für dieses Scheitern war der Widerwille eines Großteils der europäischen Linken, das verzwickte Problem der gemeinsamen Währung, aber auch das Wesen der Europäischen Union, wie es sich in den letzten Jahrzehnten entwickelt hat, direkt anzugehen.

Dennoch, in den letzten Jahren hat sich die Situation an der Peripherie der Eurozone langsam geändert, vor allem in Griechenland und Spanien. Tiefe und Breite der Krise waren hier beispiellos, und die Linke ist aus den politischen Unruhen als Hauptnutznießer hervorgegangen. Die Aussicht einer radikalen Regierung der Linken in naher Zukunft ist in Griechenland sehr real, eine Entwicklung, die tiefgreifende politische und gesellschaftliche Veränderungen antreiben könnte. Das Problem ist jedoch, dass die griechische Linke noch kein überzeugendes und kohärentes Programm für Wirtschaft, Gesellschaft und Politik aufgestellt hat. Das Unternehmen wird von der Drohung seines Scheiterns überschattet.

Die griechische Linke hat stark vom Zusammenbruch der Legitimität all jener politischen Kräfte profitiert, die die Rettungsaktionen der Troika und die begleitenden Sparmaßnahmen, die dem Land seit Beginn der Krise 2010 aufgezwungen wurden, unterstützten. Ihre eigenen positiven Vorschläge für den Umgang mit der Krise und zur Umgestaltung der griechischen Wirtschaft und Gesellschaft waren jedoch nicht annähernd so effektiv. Die griechische Linke, weigert sich, wie viele andere, immer noch größtenteils, das Wesen der Eurozonenkrise anzuerkennen und glaubt, dass sie ohne große soziale Verwerfungen und sogar ohne Infragestellung der Integration Griechenlands in EU und Währungsunion zu lösen wäre. Praktisch bereitet sie sich in dem verzauberten Glauben auf die Regierung vor, der Krise durch eine gelockerte Fiskalpolitik und die Umverteilung von Einkommen und Reichtum beikommen zu können. Dies bleibt eine fundamentale Schwäche im Licht der wirklichen Aufgaben, die eine linke Regierung in Griechenland bewältigen müsste, sowie angesichts der Rolle, die sie bei der Veränderung der politischen Perspektive für den Rest Europas spielen könnte.

Die Aufgabe der Linken in Europa ist es, die Umrisse eines Plans zu entwickeln, um die Eurozonenkrise vor allem an der Peripherie des Kontinents, aber auch in den Kernländern der Wirtschafts- und Währungsunion, zu bewältigen. Der Plan, analysiert und im Einzelnen beschrieben im letzten Kapitel dieses Buchs für den Fall Griechenland, ist von unmittelbarer Relevanz für die anderen Peripherieländer, die in der gegenwärtigen Politikfalle sitzen. Er ist natürlich kein komplettes Programm, denn dazu ist eine koordinierte und breit angelegte Anstrengung unter Beteiligung mehrerer gesellschaftlicher Akteure erforderlich. Trotzdem ist es eine programmatische Stellungnahme unter Berücksichtigung umfangreicher Forschung, die Antworten auf die systemische Krise des griechischen Kapitalismus und vielleicht anderer Peripherieländer der Eurozone skizziert.

Ein weiter gestecktes Ziel dieses Plans ist es ferner, einige notwendige und grundlegende Schritte zu umreißen, wenn sich die europäischen Gesellschaften in Richtung von Wachstum und sozialer Gerechtigkeit bewegen sollen, um auf diese Weise das Kräfteverhältnis zwischen den Klassen zugunsten der Arbeit zu verschieben und die gesellschaftliche Entwicklung in eine neue Richtung zu lenken. Um diese Ziele zu erreichen, wäre es erforderlich, die Institutionen der Europäischen Union und insbesondere die gescheiterten Mechanismen der Währungsunion direkt ins Visier zu nehmen. Allgemeiner gesagt, wäre eine klare soziale Perspektive erforderlich, um dem völlig dysfunktionalen Kapitalismus unserer Tage die Stirn zu bieten.

2. Ein alternativer Pfad innerhalb der gegenwärtigen EWU: eine »unmögliche Triade«

Ein alternatives Programm in einem Peripherieland, das auf einer neuen Ökonomie und Politik fußt und von einer Regierung der Linken umgesetzt wird, wird zweifellos zu einem Konflikt mit den Institutionen und den Mechanismen der Währungsunion und der EU führen. Es ist wichtig, in diesem Abschnitt die fundamentalen Gründe für einen solchen Konflikt darzulegen, der sich auf die Formel der »unmöglichen Triade« bringen ließe, mit der ein Peripherieland innerhalb der Währungsunion konfrontiert ist. Der Konflikt dürfte sich, erstens, auf das Problem der Umschuldung konzentrieren, und, zweitens, auf das allgemeinere Problem der Aufhebung der Sparpolitik und die notwendigen Schritte, um die Volkswirtschaften der Peripherie in Richtung Wachstum und Gleichheit neu auszubalancieren. Die Opposition dagegen vonseiten des neoliberalen Konsens und der angestammten Interessen im Herzen der EU, die um die Währungsunion verschmolzen sind, dürfte unerbittlich sein.

Es ist in diesem Zusammenhang wichtig, im Kopf zu behalten, dass zu den Rettungspaketen rechtlich gut abgesicherte Kreditrahmenvereinbarungen gehören sowie Absichtserklärungen zur »Konditionalität«, zu deren Befolgung das Empfängerland rechtlich verpflichtet ist. Die seit 2010 in Griechenland betriebene Sparpolitik zum Beispiel wurde durch ein rechtliches und institutionelles Rahmenwerk diktiert, das hauptsächlich darauf zielte, die Interessen der Kreditgeber zu schützen und die kontinuierliche Bedienung der Staatsschulden zu erzwingen. Allgemein hat die konservative Umstrukturierung der Währungsunion, die seit 2010 auf Geheiß Deutschlands vollzogen wurde, den rechtlichen und institutionellen Rahmen der Wirtschafts- und Währungsunion und der EU im Hinblick auf Sparpolitik und Liberalisierung gestählt, wie in den vorangehenden Kapiteln dargelegt. Folglich würde jeder Schritt einer linken Regierung zur Umsetzung eines alternativen Programms, der auf die Staatsverschuldung gerichtet wäre oder Sparmaßnahmen aufheben würde, das gesamte Rahmenwerk von Währungsunion und EU direkt herausfordern. Es kann in dieser Hinsicht keine gesonderten, von diesem Rahmen losgelösten politischen Maßnahmen oder Initiativen geben.

Daraus folgt, dass eine linke Regierung in einem Peripherieland darauf vorbereitet sein sollte, mit der EU auf dem gesamten Feld der Anpassungspolitik in Konflikt zu geraten. Die Erwartung unter EU-Bürokraten ist schließlich, dass die Politik, der die Regierungen von Krisenländern zwischen 2010 und 2014 zugestimmt haben, weiterhin befolgt wird. So müsste eine linke Regierung bei verschiedenen Fragen einseitige Maßnahmen ergreifen, wenn sie die Richtung des Landes ändern möchte.

Es kann nicht stark genug betont werden, dass es einer linken Regierung in einem Peripherieland ohne durchgreifende Umschuldung unmöglich gelingen kann, ein alternatives Programm durchzusetzen, auch kurzfristig nicht. Sicherlich gäbe es in der Anfangsphase etwas fiskalischen Manövrierraum, besonders bei Fragen, die mit der Verbesserung der Bedingungen der am schlimmsten von der Krise Betroffenen zu tun haben. Aber kein nachhaltiger Politikwandel wäre möglich, ohne das Schuldenproblem anzugehen und folglich ohne in Konflikt mit dem gesamten politischen Rahmenwerk zu geraten, das in den letzten Jahren von der EU errichtet wurde. Der Schluss lautet, dass eine Konfrontation unvermeidlich folgen wird.

Genauer gesagt, würde eine Umschuldung der Peripherieländer Verluste sowohl für private wie für öffentliche Gläubiger mit sich bringen, auch wenn sich ihr relatives Gewicht von Land zu Land unterscheidet. Verluste privater Kreditgeber würden offenkundig Verluste im Bankensystem bedeuten, die zum Teil durch Bereitstellung öffentlicher Mittel aufgefangen werden müssten, wenn sie keinen Bankenkollaps auslösen sollen. Darüber hinaus würden Renten und Versicherungsfonds Verluste erleiden, die ebenfalls zum Teil durch staatliche Intervention abgefedert werden müssten. Verluste offizieller Kreditgeber andererseits würden direkt von den Steuerzahlern/Wählern der EU und anderer Länder getragen.

Kurz, die Umschuldung von Peripherieländern würde den Kernländern Kosten verursachen, sei es für die Stützung von Banken und Rentenfonds, sei es in Form der vollständigen Abschreibung von Krediten aus öffentlichen Kassen. Um eine einvernehmliche Umschuldung zu erreichen, müsste die Zustimmung gleich mehrerer europäischer politischer Systeme erlangt werden, was einen komplexen politischen Prozess der Abwägung von Verlusten und Vorteilen erfordern würde. Aller Wahrscheinlichkeit nach würde der Konsens zusammen – und ein Konflikt ausbrechen. Aber selbst im unwahrscheinlichen Fall einer einvernehmlichen Schuldenabschreibung, die von den politischen Systemen der Kernländer hingenommen würde, besteht kaum ein Zweifel, dass die EU gleichzeitig darauf bestehen würde, dass eine strenge Haushaltspolitik beibehalten wird, die mittlerweile ja formell in der Struktur der Union verankert ist und Überwachung und Strafen für die »Sparsünder« unter den Mitgliedsstaaten vorsieht.

So gibt es eine Art »unmöglicher Triade«, der eine linke Regierung in einem Peripherieland gegenüberstünde. Es ist unmöglich, jedes der folgenden Ziele zu erreichen: erstens, eine wirkungsvolle Umschuldung zu erzielen; zweitens, die Sparpolitik aufzugeben; und drittens, weiterhin im institutionellen und politischen Rahmen der EU und insbesondere der Währungsunion zu verbleiben. Eine linke Regierung würde ihre Zeit und Energie verschwenden – ganz zu schweigen davon, sich selbst zu untergraben –, wenn sie versuchte, diese »unmögliche Triade« zu erreichen. Das wahre Ziel sollte sein, einen radikalen Schuldenschnitt zu erreichen und die Wirtschaftspolitik drastisch zu ändern, während zugleich Verhandlungen über eine neue Beziehung zur EU und Währungsunion geführt werden.

3. Der EU die Stirn bieten: Ziele und Maßnahmen einer linken Regierung

In Anbetracht der vorangehenden Erörterung ist die Verhandlungsposition einer linken Regierung in einem Peripherieland ein komplexes Problem, das einer sorgsamen Analyse bedarf. Für eine solche Regierung, die eine umfassende Schuldenabschreibung und eine Aufhebung der Sparpolitik anstrebt, wäre ein Konflikt auf allen politischen Ebenen unvermeidlich. Aber es kann diesbezüglich keinen Konflikt mit der EU geben, der nicht gleichzeitig das Gespenst eines Austritts aus der Währungsunion heraufbeschwört. Eine linke Regierung sollte sich von dieser Aussicht nicht ängstigen oder einschüchtern lassen, sondern sich ihre Mitgliedschaft in der Währungsunion vielmehr bei Verhandlungen taktisch zunutze machen. Klarheit über das Erreichbare ist grundlegend, immer mit Blick auf die »unmögliche Triade« sowie den Vorrang von Schuldenabschreibung und Aufhebung der Austerität. Eine Regierung, die ihre Stärke aus dem eigenen Volk zieht, sollte vor einem möglichen Austritt aus der Eurozone keine Angst haben, wenn sie ihre fundamentalen Ziele erreichen möchte. Und wenn sie Erfolg hätte, könnte sie Europa zugunsten der Arbeitnehmer insgesamt verändern.

Es gibt zwei wichtige Druckmittel bei Verhandlungen, auf welche die EU im Lauf der Konfrontation zurückgreifen kann: erstens, die Bereitstellung von Liquidität für die Banken durch die EZB, zweitens, die Gewährung offizieller Kredite an die Regierung durch eine Vielzahl von Institutionen. Beide dürften zur Erpressung benutzt werden, wie sich im Fall Zyperns 2013 gezeigt hat. Da die meisten Peripherieländer einschließlich Griechenlands primäre Haushaltsüberschüsse ausweisen, haben offizielle Kredite an die Regierung jedoch viel von ihrer früheren Bedeutung eingebüßt.

Der mächtigste Hebel, den die EU einsetzen kann, ist daher die Kappung der EZB-Liquidität. Leider steht einer linken

Regierung gegen die Liquiditätsdrohung innerhalb der Währungsunion kein probates Reaktionsmittel zu Gebote. Das ist letztlich der Grund, warum die »unmögliche Triade« Bestand hat. Trotzdem ist es möglich, sich Taktiken zu bedienen, um Raum für Verhandlungen zu schaffen und so die Seite des Kreditnehmers zu stärken und jene des Kreditgebers zu schwächen. So ist zum Beispiel denkbar, dass die Nationalbank trotz Widerstands des Eurosystems eine Zeitlang eine Notfallliquiditätshilfe bereitstellt. Eine weitere Taktik könnte in der Verkündung eines Feiertags bestehen, gefolgt von Restriktionen bei den Bankgeschäften und Ernennung eines öffentlichen Beauftragten für das Finanzsystem. Schließlich könnte die Linksregierung Kapitalkontrollen verhängen.

Es ist zu betonen, dass die Ergreifung solcher Maßnahmen innerhalb der Grenzen der Währungsunion völlig in Ordnung ist; tatsächlich hat die EU sie im Laufe der Krise zu verschiedenen Zeiten selbst eingesetzt, besonders während der Zypernkrise 2013, mit Ausnahme eines Finanzbeauftragten. Die Linksregierung würde damit ihre Entschlossenheit zur Erreichung ihrer Hauptziele unterstreichen und ihre Position in der Konfrontation mit der EU stärken. Die Maßnahmen sind außerdem wichtig, um eine umfassende Krise zu vermeiden, die in einem Sturm auf die Bankschalter münden könnte.

Solche Maßnahmen wären auch nützlich, um den Boden für einen Austritt aus der Währungsunion zu bereiten, wenn das Land schließlich in diese Richtung gedrängt wird. Es muss jedoch wiederholt werden, dass diese Maßnahmen nicht entscheidend das Problem der Liquidität lösen können, solange das Land in der Währungsunion verbleibt. Die einzige echte Lösung dafür wäre die Schaffung der Fähigkeit, Liquidität autonom zu generieren, was die Einführung einer neuen nationalen Währung bedeuten würde. Es ist von großer Bedeutung für eine linke Regierung, sich darüber im Klaren zu sein.

Folglich sollte eine Linksregierung von Beginn an Schritte unternehmen, die Unabhängigkeit der nationalen Notenbank vom Eurosystem wiederherzustellen. Das würde bedeuten, die institutionelle Fähigkeit zu schaffen, in der nationalen Währung Liquidität zu generieren, ebenso wie Kapitalflüsse zu überwachen und Wechselkurse zu steuern. Das sind schwierige Aufgaben, und die entsprechenden Fähigkeiten haben in allen Peripherieländern abgenommen. Wahrscheinlich müssen erfahrene frühere Mitarbeiter des öffentlichen Diensts aus dem Ruhestand geholt und ausländische Experten eingeladen werden.

Eine Linksregierung sollte außerdem sofort Schritte unternehmen, um alternative Formen der Liquidität für die Nutzung durch die Öffentlichkeit bereitzustellen, selbst wenn sie noch vom Euro dominiert sind. Wie wir aus der Erfahrung der Zypernkrise 2013 wissen, erschweren Bankrestriktionen den Zugang der Öffentlichkeit zu Bargeld erheblich. Es wird auch wahrscheinlich viel Bargeld in Euro gehortet, wenn die Konfrontation mit der EU an Härte gewinnt. Um die Auswirkungen auf die Wirtschaft so gering wie möglich zu halten, kann die Regierung unter Umständen kurzfristige Papiere (Scrip) ausgeben, die in Euro ausgestellt sind. Diese Papiere würden unter Zwangsumlauf stehen, das heißt die Regierung würde sie für Zahlungen im öffentlichen Sektor, auch für Steuern, zum akzeptierten Zahlungsmittel erklären.

Diese Maßnahme bedeutet im Effekt die Einführung eines parallelen Geldsystems, wenn auch noch in Euro. Eine linke Regierung muss sich jedoch darüber im Klaren sein, dass ein paralleles Geldsystems niemals eine Dauerlösung sein kann, sondern in der Praxis nur ein erster Schritt hin zur Ausgabe einer eigenen nationalen Währung. Die Parallelwährung ließe sich leicht in die nationale Währung umwandeln, wenn das Land zum Austritt aus dem Euro gezwungen wäre.

Es wäre denkbar, dass diese Taktiken zusammen mit einer gesellschaftlichen Mobilisierung sowie etwas internationaler

Schützenhilfe (deren Ausmaß nicht übertrieben werden darf) einer neuen linken Regierung erfolgreich dabei helfen könnten, einen umfassenden Schuldenschnitt plus Aufgabe der Sparpolitik durchzusetzen. Es ist jedoch höchst unwahrscheinlich, dass die EU diesen Forderungen zustimmen würde, ohne den Austritt aus der Währungsunion zu fordern. Eine linke Regierung dürfte sich als äußerst erfolgreich betrachten, wenn es ihr gelänge, einen ausgehandelten (nicht konfrontativen) Austritt dieser Art zu abzusichern. Es wäre denkbar, dass die EU diese Aussicht annehmbar fände, da ja das »Problemland« austreten würde – mit der Folge, dass es dabei unweigerlich einige der Kosten übernähme und den Rest der Währungsunion »gesünder« zurückließe. Ein Austritt könnte als der Preis betrachtet werden, den Griechenland oder ein anderes Peripherieland für eine Abschreibung seiner Schulden zu zahlen hätte.

Wenn man sich auf einen Austritt ohne Konfrontation einigt, gibt es mehrere technische Wege, auf denen die EU ihn erleichtern könnte. Die rechtlichen und technischen Argumente, die zwischen 2009 und 2012 zirkulierten und »bewiesen«, dass ein Austritt aus der Währungsunion unmöglich sei oder unweigerlich zum Austritt aus der EU führen müsste, waren weitgehend Unsinn. Ein Austritt ist absolut machbar, besonders wenn die EU bereit wäre, ihn zu erleichtern. Schließlich sind die Mechanismen des Europäischen Währungssystems, das frühere System festgelegter Wechselkurse, immer noch existent und könnten wiederbelebt werden. Eine Erleichterung könnte es sein, wenn die EZB die Banken des Autrittslands noch für eine gewisse Zeit mit Liquidität versorgen würde, vielleicht für sechs bis zwölf Monate. Eine entscheidende Erleichterung für einen Austritt wäre die Stützung des Wechselkurses, um einen Zusammenbruch zu vermeiden, bis das Land in der Lage ist, sich selbst zu verteidigen. Ein Ergebnis dieser Art wäre die bei weitem beste Lösung für die Peripherieländer, und sie könnte auch für die EU selbst die unproblematischste sein.

Angesichts der politischen und ökonomischen Interessen, die in der Währungsunion mitspielen, ist es jedoch weit wahrscheinlicher, dass sich ein einvernehmlicher Austritt als unmöglich erweist. Die Kreditgeber dürften kaum eine linke Regierung tolerieren, geschweige denn stützen, die auf einer Abschreibung der Schulden und einer Aufgabe der Sparpolitik beharrt und die Wirtschaftspolitik in eine gänzlich andere Richtung lenkt. Folglich sollte eine Linksregierung auf einen konfrontativen Austritt vorbereitet sein, der ebenfalls völlig machbar wäre, allerdings auch teuer. Der erste Schritt in diesem Prozess wäre wahrscheinlich die Erklärung der Zahlungsunfähigkeit, die verschiedene Formen annehmen kann, aber immer denselben Inhalt hätte: Einstellung der Zins- und Kapitalzahlungen und einseitige Aufforderung zu Verhandlungen darüber, welche Summen zurückgezahlt werden und wie. Das Problem der Schulden auf den Tisch zu bringen bedeutet natürlich, einen langwierigen Prozess zu beginnen, der die Mobilisierung des Volkes, eine Revision der Staatsschulden und eine solide juristische Unterstützung erfordert.

Es kann nicht stark genug betont werden, dass der Pfad des konfrontativen Austritts politische Legitimität und aktive Unterstützung durch das Volk benötigt, wenn er von einer Regierung der Linken erfolgreich bewältigt werden soll. Es ist wichtig, dass die Regierung deutlich macht, dass ihr der Austritt von der EU aufgezwungen wird, weil diese sich weigert, annehmbare Bedingungen für einen Schuldenschnitt und die Aufgabe der Sparpolitik zu akzeptieren. Es ist ebenso wichtig, sich offener politischer Unterstützung zu versichern, indem der Wählerschaft und der organisierten Arbeiterbewegung das Problem direkt vorgelegt wird.

Ein konfrontativer Austritt könnte auch von einer nationalistischen und autoritären Regierung angestrebt werden, doch das hätte verheerende Folgen für die Arbeitnehmer, weil er mit oppressiven politischen Maßnahmen verbunden wäre und wahrscheinlich das Gros der Austrittskosten der

Lohnarbeit und der Mittelklasse aufbürden würde. Für eine linke Regierung sind die Sicherung ihrer politischen Legitimität und die aktive Unterstützung durch das Volk für einen potenziellen Austritt aus der Währungsunion Aufgaben, die umgehende politische Planung erfordern.

VIII. Einen konfrontativen Austritt aus der Währungsunion bewältigen

Ein konfrontativer Austritt wäre ein schwieriger Prozess, aber absolut zu bewältigen, solange man sich der wahrscheinlich damit verbundenen Probleme bewusst ist, ein gewisses Maß an Vorbereitung getroffen wurde und ein deutlicher Rückhalt im Volk besteht. Die arbeitende Bevölkerung muss informiert und auf den Schock und seine Folgen vorbereitet sein, andernfalls hätte die neue Regierung große Last, einen konfrontativen Austritt erfolgreich zu bewältigen. Wenn andererseits das Problem gut verstanden wird und es keine Angst vor den Folgen gibt, kann der Austritt aus der Währungsunion einen Pfad für einen gesellschaftlichen Wandel zugunsten der Arbeitnehmer öffnen. Viel hängt von den vorbereitenden Maßnahmen ab, die während der Verhandlungen getroffen werden.

Die konkreten Probleme und die wahrscheinlichen Schritte zum Austritt sind keine hypothetische Frage mehr: Die Intervention der EU in Zypern 2013 hat bereits Licht auf den möglichen Ablauf geworfen. Eine nützliche Art, die Probleme zum Zweck der Analyse zu klassifizieren und eine Orientierungshilfe für die politische Planung ist die Unterscheidung zwischen kurz- und mittelfristig. Zu den kurzfristigen Problemen gehören vor allem Liquidität (Geldumlauf), das Bankgeschäft, der Handel und die Versorgung von Schlüsselmärkten. Zum letzteren Bereich gehört auch die grundlegende Umstrukturierung der Produktion, die in Peripherieländern notwendig wäre.

Die folgenden Schritte dürften daher wichtig sein, wenn ein konfrontativer Austritt gelingen soll:

1. Es ist entscheidend, dass bereits Bank- und Kapitalkontrollen eingerichtet sind, wenn die auf Euro ausgestellte Parallelwährung in Umlauf gebracht wird. Diese Maßnahmen können während der laufenden Verhandlungen ergriffen werden, sie stärken so die Position einer linken Regierung und erleichtern es, mit den Folgen des Austritts fertig zu werden. Ebenso sorgen sie für Aufmerksamkeit, fördern die öffentliche Unterstützung und machen den Menschen die Probleme bewusst, was für den Umgang mit dem Austritt von fundamentaler Bedeutung ist. Das ist das Beste, was man sich an vorbereitenden Maßnahmen erhoffen kann.

Zu den unmittelbaren Problemen, die in der Folge auftreten werden, gehören

2. Redenominierung der Bilanz der nationalen Notenbank. Es wird eine juristische Beratung nötig sein hinsichtlich der Verbindlichkeiten im Eurosystem sowie der Notfallliquiditätshilfe. Zahlungsunfähigkeit ist für eine Notenbank eine weit komplexere Angelegenheit als für eine reguläre Bank. Die nationale Zentralbank müsste mit neu ausgegebenen Staatspapieren rekapitalisiert werden.
3. Redenominierung der Bilanzen der Geschäftsbanken. Verbindlichkeiten gegenüber der Zentralbank können sofort geändert werden, ebenso wie Einlagen und unter inländischem Recht abgeschlossene Kredite. Verbindlichkeiten nach ausländischem, inländischem und internationalem Recht sollten jeweils zusammengefasst, isoliert und Schritt für Schritt behandelt werden. Eine Struktur von »Good Banks« und »Bad Banks« muss geschaffen werden, und die Schulden der Banken müssen einer sorgfältigen Revision

unterzogen werden, um zu vermeiden, dass die öffentlichen Kassen mit faulen Krediten befrachtet werden.
4. Redenominierung der Bilanzen der Unternehmen. Schulden unter ausländischem Recht müssen gebündelt und vom Staat nach einer Revision garantiert werden. Staatlichen Hilfen würden notwendig.
5. Redenominierung der Bilanzen der Haushalte. Einlagen, Hypotheken und andere Schulden unter inländischem Recht müssen sofort redenominiert werden.
6. Die Redenominierungen können nach unterschiedlichen Sätzen berechnet werden, vielleicht abhängig von der Höhe der Einlagen oder Schulden, um eine Einkommensumverteilung zu bewirken und breiteren Schichten die Umstellung schmackhaft zu machen. Die einfachste Lösung wäre es natürlich, durchgängig ein Umtauschverhältnis von 1:1 zu wählen. Die Verwendung mehrerer Wechselkurse würde die Komplexität erhöhen, aber auch eine Gelegenheit zur Umverteilung bieten.
7. Die Erfordernisse der Geldzirkulation könnten Schritt für Schritt von Banken abgedeckt werden, die Liquidität in der neuen Währung erzeugen. In der ersten Phase werden jedoch wahrscheinlich Euro-Banknoten gehortet, und es wird einige Zeit brauchen, Geldscheine der neuen Währung zu drucken. Folglich sollte die Zirkulation einer Parallelwährung (nun in der nationalen Währung denominiert) sofort ausgeweitet werden; ihr Wert wird bei Transaktionen unter Dritten abnehmen, aber sie wird dennoch die notwendige Liquidität bereitstellen.
8. Die neue Währung würde auf den internationalen Märkten erheblich abgewertet. Diese Abwertung würde zu einem entscheidenden Hebel zur Rückgewinnung des Inlandsmarktes und zur Ausweitung der Exporte. Viel wird davon abhängen, wie einschneidend sie ausfällt. Die Fähigkeit, den Wechselkurs zu verteidigen, wäre auf beträchtliche Zeit hin beschränkt, bis die Handelsbilanz posi-

tiv wird. Administrative Maßnahmen und eine Bandbreite von Kapitalkontrollen würden notwendig. Es sollte aber betont werden, dass die Bedingungen dafür in den meisten Peripherieländer 2014 weit besser sind als noch 2010. Die gegenwärtigen Leistungsbilanzdefizite sind zumeist geringer, weil die Importe aufgrund der Zerstörung der Wirtschaft im Lauf der Rezession eingebrochen sind. Die Fähigkeit, den Wechselkurs zu verteidigen, ist folglich deutlich größer.
9. Die Versorgung von Schlüsselmärkten – Medizin, Nahrung, Kraftstoff – dürfte kurzfristig zu einem beträchtlichen Problem werden. Administrative Maßnahmen werden sicherlich notwendig sein, um für die Industrie und die verwundbarsten gesellschaftlichen Gruppen den Zugang zu Schlüsselgütern zu sichern. Doch muss eine linke Regierung ja in jedem Fall energische administrative Schritte unternehmen, um Grundgüter an die Bedürftigen zu verteilen, auch ohne Austritt aus der Währungsunion. Außerdem ist bei praktisch ausgeglichener Leistungsbilanz die Fähigkeit, für Importe zu zahlen, im Allgemeinen gegeben. Zu beachten ist auch, dass als Folge des Einbruchs der Einkommen der Zugang zu Kraftstoff, Medizin und Nahrungsmitteln bereits für breite Schichten der Arbeitnehmerschaft höchst prekär ist.

Bei der Behandlung dieses Problems sollte man sich vor Augen führen, dass es hinsichtlich Arbeitskraft und Produktionsmitteln in den Volkswirtschaften der Krisenländer gegenwärtig riesige unausgelastete Kapazitäten gibt, die rasch mobilisiert werden könnten, um die Inlandsmärkte zu versorgen. Es gibt auch bereits eine beträchtliche Abdeckung mit Grundnahrungsmitteln aus inländischen Quellen, und es wäre durchaus denkbar, rasch ein System einzurichten, um Importe zur Unterstützung der verwundbarsten Gruppen zu bevorzugen. In Griechenland zum Beispiel gibt es eine gute

Energieabdeckung zur Produktion von Elektrizität, und es wäre möglich, mit sympathisierenden Regierungen zwischenstaatliche Vereinbarungen zu treffen, um die Versorgung mit Benzin und Diesel für Pkws zu stärken. Schließlich lassen vorhandene Kapazitäten darauf schließen, dass es auch möglich wäre, die Arzneimittelversorgung befriedigend zu lösen, zum Teil durch Mobilisierung heimischer Ressourcen, zum Teil durch Bevorzugung von Schlüsselimporten, darunter preisgünstige Generika einer Vielzahl von Anbietern aus aller Welt.

IX. Die Demontage der Währungsunion

Es ist lehrreich, uns nun kurz der Frage der Mitgliedschaft der Kernländer in der Währungsunion zuzuwenden, die ja in einer anderen Lage sind als die Peripheriestaaten. Wie bereits in früheren Kapiteln dieses Buchs erläutert, ist die Europäische Wirtschafts- und Währungsunion zu einem Mechanismus geworden, der Rezession fördert und eine neoliberale Politik erzwingt, was besonders Frankreich und Italien arg zusetzt. Die monetäre Union bietet in wirtschaftlicher, sozialer und politscher Hinsicht den Menschen Europas herzlich wenige Vorteile. Sie ist ohne Frage ein großes historisches Fiasko und zudem ein strukturelles Hindernis für direkte, offene Demokratie, ganz zu schweigen davon, dass sie die ökonomische und politische Vorherrschaft Deutschlands bekräftigt und unmittelbar in die nationale Souveränität der Mitgliedsländer eingreift. Die Vorstellung von einem »Europa des Volkes« oder einer Form des Geldes, die Solidarität, Wohlstand und Konvergenz befördert, wurde vollständig untergraben.

Angesichts der Entwicklung der Währungsunion und der poltischen und gesellschaftlichen Kräfte in ihrem Innern lässt sich fairerweise der Schluss ziehen, dass es keine Aussicht auf Reformen in eine für Arbeitnehmer und die Gesellschaften als Ganzes günstige Richtung gibt. Vorschläge, die Schulden zu vergemeinschaften oder der EZB freie Hand beim Kauf von Staatsanleihen zu lassen und so den Mitgliedsstaaten der Währungsunion zu ermöglichen, leichter

Geld aufzunehmen, steht die schlichte Tatsache entgegen, dass dies den Kernländern, allen voran Deutschland, Kosten verursachen würde. Diese Kosten würden die Form höherer Zinsen für die Kreditaufnahme des deutschen Staates annehmen, ebenso wie das Risiko von Verlusten im Fall eines Zahlungsausfalls anderer staatlicher Kreditnehmer. Der Vorschlag, die Sparpolitik zu beenden und zu einer expansiven Fiskalpolitik überzugehen, ohne zuerst das Verschuldungsproblem anzugehen, ist inkohärent. Ähnlich aussichtslos erscheinen Vorschläge, ein gut finanziertes Investitionsprogramm für ganz Europa aufzulegen, um die Produktivität zu erhöhen und die Volkswirtschaften der Peripherie zu stärken, denn sie scheitern unweigerlich an der ungelösten Finanzierungsfrage und dem Problem mangelnder Finanzmechanismen, die solche Investitionsprojekte tragen könnten.

Die einzige gangbare Lösung wäre, wie allenthalben eingehend in diesem Buch dargelegt, ein dramatischer Wandel der deutschen Innen- und Außenpolitik, die sich bei Löhnen und Binnennachfrage einen völlig anderen Ansatz zu eigen machen müsste. Wenn die Währungsunion anerkennen würde, wie wichtig es ist, die Lohnstückkosten und die Inflation unter den Mitgliedsländern gerecht zu steuern, könnte die Union womöglich lebensfähig werden. Die Aussicht, dass eine solche Entwicklung Wirklichkeit werden könnte, ist allerdings praktisch nicht vorhanden.

Letzten Endes liegt das historische Scheitern der Währungsunion in ihrem Wesen selbst begründet: Der Euro ist keine Währung eines föderalen oder einheitlichen Staates, der mit einem Staatsvolk, einem »demos« korrespondiert. Vielmehr ist er das Zahlungsmittel einer Allianz ungleicher souveräner, von hierarchischen Beziehungen entzweiter Staaten mit Deutschland an der Spitze. Deutschland hat bislang nicht im Interesse aller Mitgliedsländer gehandelt, es würgt gegenwärtig die Wirtschaft Europas ab, es hat Spannungen unter den europäischen Staaten gesät, es hat die demokratische Praxis auf dem ganzen Kontinent unterminiert und es lässt sich in der gegenwärtigen politischen Situation nicht reformieren. Eine realistische, progressive Option wäre es, zu den nationalen Währungen zurückzukehren und so die Erholung von der wirtschaftlichen Abhängigkeit zu erleichtern, die Demokratie zu verteidigen und die nationale Souveränität zu schützen. Natürlich könnte die Wiedereinführung nationaler Währungen allein nicht diese Veränderungen bewirken, aber sie wäre ein entscheidender Schritt in diese Richtung. Die wirkliche Schwierigkeit besteht darin, zu nationalen Währungen zurückzukehren, ohne einen ökonomischen Nationalismus und Abwertungswettlauf zu entfesseln und sich zur Festlegung der Wechselkurse den Marktkräften auszuliefern.

Das komplexeste technische Problem besteht in der Schaffung eines lebensfähigen Wechselkursregimes. Die neuen Währungen der Defizitländer könnten zum Beispiel mit einem administrativ festgelegten Umtauschverhältnis zum Euro von 1:1 an den Start gehen, würden an den Devisenmärkten aber natürlich rasch abwerten. Für kleine Länder, die praktisch importabhängig sind, könnte sich die Größenordnung der Abwertung der neuen nationalen Währung als entscheidend erweisen. Blieben ihre neuen Währungen gänzlich den Marktkräften überlassen, bestünde ein beträchtliches Risiko eines Wertverfalls, der weit über das hinausginge, was zur Wiederherstellung ihrer Exportfähigkeit gerechtfertigt wäre.

Eine starke Abwertung würde allerdings auch der Importseite kaum erträgliche Beschränkungen auferlegen. Erdöl und andere Rohstoffe müssten importiert werden und würden nach der Abwertung enorm viel teurer. Die Aussicht, kurz nach Einführung der neuen Währung den IWF zu Hilfe rufen zu müssen, wäre inakzeptabel. Doch diese Aussicht ließe sich nicht ausschließen, da die Unwägbarkeiten eines Austritts und die Unsicherheit über die Zukunft die Nachfrage nach der Währung eines Landes kurzfristig erheblich schwächen können. Angesichts beschränkter Devisenreserven der Zentralbank stünden dem Land nur wenige Mittel zu Verfügung, sich dagegen zu stemmen.

Die beste Option zur Vermeidung eines solchen Resultats wäre die Kooperation mit anderen Ländern. Wenn einige kleinere Länder ihre Kräfte vereinten und zusammen austräten, ließe sich der Effekt steigender Importpreise bis zu einem gewissen Grad abfedern (da – außer Rohstoffen wie Erdöl – weniger Importe von außerhalb der Region benötigt würden). Mehr noch, die Bündelung der Reserven könnte ein Weg sein, die Fähigkeit der Austrittsländer zur Verteidigung von Paritäten gegen internationale Spekulation zu stärken.

Eine Gruppe von Ländern wäre auch in einer besseren Verhandlungsposition, um zu erreichen, dass andere EU-Länder oder die EU-Kommission ein Sicherheitsnetz bereitstellen. Länder, die einen Austritt aus der Währungsunion erwägen, werden sich offensichtlich sehr genau überlegen, gleichzeitig auch aus der EU auszutreten. Eine fortdauernde Mitgliedschaft in der EU könnte sich als wichtig erweisen, um die Verbindungen zum gemeinsamen europäischen Markt aufrechtzuerhalten und so den Vorzug des Zugangs zu Exportmärkten zu nutzen, sobald die Wettbewerbsfähigkeit wiederhergestellt ist. Die EU hat eine moralische und praktische Verpflichtung, sich auf eine solche Lage vorzubereiten und den Ländern, die bereit sind, diesen großen Schritt zu wagen, einen sicheren Ausweg anzubieten.

Die EU könnte leicht ein Sicherheitsnetz in Form eines mit der Währungsunion verknüpften Wechselkursmechanismus anbieten. Es wäre sogar möglich, Teile des Mechanismus des alten Europäischen Währungssystems, das vor Schaffung der Währungsunion in Kraft war und formell noch immer existiert, wiederzubeleben. Das neue europäische Währungssystem könnte es Ländern erlauben, ihre Währung in einem vernünftigen Verhältnis an den Euro zu koppeln und so das Risiko mindern, zum Prügelknaben der Devisenmärkte zu werden. Ein solcher »geordneter Austritt« einer Gruppe von Ländern würde helfen, einiges von den Errungenschaften und vom Geist der europäischen Partnerschaft zu bewahren, ohne die Länder in der Zwangsjacke der Europäischen Wirtschafts- und Währungsunion zu halten. Die Krise hat gezeigt, dass Letztere dazu neigt, die Beziehungen zwischen den europäischen Ländern zu verschlechtern und in ganz Europa einen Geist der Feindseligkeit zu schaffen.

Allgemein wäre es für Europa realisierbar, ein System kontrollierter Wechselkurse zu entwickeln und dabei für einige Kernländer sogar einen Rest des Euroraums zu erhalten, vorausgesetzt, dass das Ankerland – Deutschland – damit einverstanden ist, seiner Rolle entsprechend zu handeln. Es könnte sogar machbar sein, eine gemeinsame Währung für internationale Transaktionen der EU als Ganzes einzuführen (oder was davon übrig sein wird), das heißt eine Form einer Welt- und Reservewährung, selbst wenn andere Mitgliedsstaaten ihre nationalen Währungen behalten. Eine strukturierte Regelung dieser Art würde, wenn nötig, Abwertungen erlauben, ohne zu Lohnkürzungen und erzwungenen Rezessionen Zuflucht zu nehmen. Sie würde auch die Steuerung des internationalen Handels und der Kapitalflüsse in Europa ermöglichen.

Zu diesem Zweck wäre es notwendig, dauerhafte Kapitalkontrollen einzuführen, ein öffentliches Bankwesen einzurichten, das damit beginnen könnte, die Folgen der Fehlleistungen der Privatbanken in den letzten Jahren zu bereinigen, und die EZB durch eine Institution zu ersetzen, die als ein Fonds für das interne und externe Management der internationalen Transaktionen Europas fungieren könnte. Diese Veränderungen würden eine Demokratisierung der Politik erfordern, besonders in der Finanzsphäre. Sie würden darüber hinaus eine Umschuldung der gewaltigen privaten und öffentlichen Schulden nötig machen, die Europa gegenwärtig drücken.

Solche Veränderungen lassen sich unmöglich erreichen, ohne den Neoliberalismus als politischen Rahmen aufzugeben: Sparpolitik, Liberalisierung und Deregulierung waren jahrzehntelang der Fluch der europäischen Politik. Sie wären auch unmöglich, ohne den vorhandenen, präzisen und sorgsam abgestimmten Rahmen von Verträgen und Institutionen zu ändern, der aus der EU und der Währungsunion das gemacht hat, was sie gegenwärtig sind. Außerdem müsste Europa seine Fiskalpolitik zugunsten einer Besteuerung des Kapitals und der Reichen ändern und eine grundlegende Umverteilung der Einkommen in Angriff nehmen.

Sowohl für die Kern- wie für die Peripherieländer wird das historische Scheitern des Euro zu einem immer drängenderen Problem. Je länger die Währungsunion in ihrer gegenwärtigen Form fortbesteht, desto stärker wird das Risiko eines katastrophalen Zusammenbruchs mit unvorhersehbaren politischen Auswirkungen. Je eher die Linke in ganz Europa erkennt, was auf dem Spiel steht, und realistische Alternativen anbietet, desto besser für die europäischen Gesellschaften als Ganzes.

X. Die griechische Katastrophe

Die schlimmen Folgen der Krise, der Politik der Troika und der furchtbaren Zwangslage, in der die Peripherieländer gegenwärtig stecken, lassen sich in Griechenland besichtigen, das härter als jedes andere Land der Eurozone von ihnen betroffen ist. Die zerstörerischen Auswirkungen, die sie auf die Wirtschaft hatten, werden nun gut verstanden und müssen hier kaum wiederholt werden. Griechenland bietet jedoch auch die Aussicht auf eine alternative Strategie, die den angerichteten Schaden beheben und zugleich anderen Peripherieländern der Eurozone einen neuen Pfad aufzeigen könnte. Aus diesen Gründen lohnt sich ein detaillierterer Blick auf den Fall Griechenland in den restlichen Kapiteln dieses Buchs.

1. Wirtschaftlicher und gesellschaftlicher Zusammenbruch; schwache Wachstumsaussichten

Einige zusammenfassende Statistiken veranschaulichen rasch das ganze Ausmaß des griechischen Desasters und erleichtern die Analyse.[33] Ende 2014 war das griechische Bruttoinlandsprodukt seit Ausbruch der globalen Krise 2008 um über 25 Prozent geschrumpft, seit Inkrafttreten des Rettungspakets 2010 allein um 22 Prozent. Die Arbeitslosigkeit explodierte seit Intervention der Troika aus EZB, EU-Kommission und IWF auf 27,5 Prozent, was einem Verlust von

750 000 Arbeitsplätzen entspricht, von denen zwei Drittel (zu grob gleichen Teilen) im Bau- und herstellenden Gewerbe sowie im Handel und Einzelhandel verloren gingen. Die Industrieproduktion ist seit 2007 um annähernd 35 Prozent eingebrochen, ein Rückgang von einem bereits niedrigen Sockel, der die anhaltende Deindustrialisierung Griechenlands seit den 1980er Jahren spiegelte. Schließlich schrumpften die Löhne zwischen 2010 und 2014 um 27 Prozent, ein Sturz, der erheblich zum Zusammenbruch des verfügbaren Einkommens beitrug. Die sozialen Auswirkungen dieser Entwicklungen waren schlicht verheerend und führten in Griechenland zu einer Massenarmut. Es gab sogar Phänomene in den Städten, die einer humanitären Krise nahekamen.[34]

Die Anwendung der Sparpolitik durch die Anpassungsprogramme der Troika vollzog sich von 2010 bis 2012 in Form drastischer Einschnitte in die öffentlichen Ausgaben, auf die 2013 und 2014 Steuererhöhungen folgten. Das Ziel war die Stabilisierung der öffentlichen Haushalte und die Schaffung primärer Haushaltsüberschüsse – die 2016 dem Plan zufolge erstaunliche 4,5 Prozent des Bruttoinlandsprodukts erreichen sollen – mit dem Zweck, die Schulden des Landes zurückzuzahlen. Tatsächlich ist es zu einer Wende bei den Staatsfinanzen gekommen, von einem Gesamtdefizit von vielleicht 15 Prozent 2009 drehten sie ins Plus und verzeichneten 2014 einen kleinen Primärüberschuss. Die Auswirkungen dieser brutalen Sparpolitik auf die Nachfrage waren verheerend und sorgten für eine noch schlimmere Rezession und Arbeitslosigkeit. Die Folgen für die primäre Gesundheitsversorgung, Bildung, soziale Sicherheit und den öffentlichen Verkehr, aber auch die allgemeine Fähigkeit des griechischen Staats, grundlegende Leistungen bereitzustellen, waren nicht minder vernichtend.

Wenn der Zweck der Anpassungspolitik war, einen nachhaltigen Abbau der griechischen Schulden zu bewirken, ist die Troika jedoch rundum gescheitert. Nach einer Spitze von 355 Milliarden Euro 2011 wurden die öffentlichen Schulden einer Reihe von Umschuldungen privat gehaltener Schuldtitel unterzogen (zumeist in der Hand inländischer Banken und verschiedener Kleinanleger), was ihre Höhe 2012 auf 304 Milliarden Euro reduzierte. Doch bis 2014 stieg die Verschuldung wieder auf über 320 Milliarden Euro an. Misst man den Anteil der Schulden am Bruttoinlandsprodukt, tritt das Scheitern dieser Politik krass vor Augen: Von 130 Prozent des Bruttoinlandsprodukts 2009, als die Staatsverschuldungs- und Haushaltskrise kurz vor dem Ausbruch stand, erreichte sie 2014 177 Prozent des Bruttoinlandsprodukts. Der Hauptgrund für den Anstieg war natürlich der Einbruch des Bruttoinlandsprodukts, den die Troika-Politik auslöste.

In diesem Zusammenhang stehen die Aussichten für Erholung und Wachstum in der absehbaren Zukunft äußerst schlecht, wenn auch die gewaltige Rezession, die 2008 einsetzte, im Jahr 2014 langsam zum Ende gekommen ist. Die Gründe dafür liegen in der absurden, von der Troika aufgezwungenen Anpassungspolitik. Es sind unter anderem die folgenden:

1. Die Regierung kann die Fiskalpolitik nicht nutzen, um die Wirtschaft anzukurbeln, da Griechenland für die absehbare Zukunft durch eine Reihe von Rettungsvereinbarungen, aber auch durch die institutionellen Mechanismen der EU und Währungsunion gezwungen ist, die Sparpolitik beizubehalten, die darauf zielt, Primärüberschüsse zu erzielen.
2. Die Geldpolitik ist in der Hand der EZB, die 2014 die Zinsen dramatisch gesenkt hat. Der günstige Effekt auf die Wirtschaft dürfte indes gering sein, da das Bankensystem schwach ist und die Kreditvergabe in ganz Europa sinkt. Besonders die griechischen Banken sind in einer höchst prekären Lage angesichts des Umstands, dass 2014 33 Pro-

zent ihrer Aktiva aus notleidenden Darlehen bestanden, von denen das Gros Unternehmenskredite waren. Wenig überraschend haben sich die griechischen Banken in den letzten Jahren dem Abbau ihrer Verschuldung zugewandt und dadurch die Verfügbarkeit von Liquidität und Kredit für die Wirtschaft vermindert. Trotzdem fuhren die Banken durch ihre beträchtlichen Kreditaufschläge hohe Gewinne ein.

3. Der Verbrauch ist sehr schwach und dürfte es bleiben angesichts des Zusammenbruchs der Löhne, des Anstiegs der Besteuerung und des großen Volumens nunmehr notleidender Kredite für Wohnungsbau und allgemeine Ausgaben, die auf den privaten Haushalten lasten.
4. Die Investitionstätigkeit war seit 2008 äußerst schwach und dürfte gering bleiben angesichts der Knappheit und hohen Kosten von Bankkrediten. Die Besteuerung von kleinen und mittelgroßen Unternehmen ist ebenfalls erheblich gestiegen, was sich negativ auf die Investitionen auswirkt. Schließlich gab es einen Zusammenbruch der Lieferantenkredite mit einer Ausbreitung der Praxis unter den Firmen, ihre Verbindlichkeiten nicht zu bezahlen, was zu einer Verlagerung hin zu Bargeldgeschäften geführt hat. Der Trend zum Bargeldgeschäft ist natürlich für Investitionen sehr problematisch. Schließlich gibt es für die Erwartung, dass es in Griechenland zu einer Welle ausländischer Direktinvestitionen kommen wird, die der Wirtschaft wieder auf die Beine helfen und sie auf einen nachhaltigen Wachstumspfad führen werden, weder Gründe noch Belege.
5. Der internationale Handel dürfte kaum als Quelle der Erholung taugen, wie selbst die EU mittlerweile einräumt.[35] Die Importe sind natürlich zusammengebrochen angesichts der außerordentlichen Tiefe der Rezession, und die Exporte zogen zwischen 2010 und 2012 kurz an. Die Erholung des Exportgeschäfts lag offenbar jedoch hauptsäch-

lich an einer Neuaufstellung der griechischen Unternehmen selbst, da der Binnenmarkt zusammengebrochen ist. Ein großer Teil des Exportwachstums während dieser Zeit ging tatsächlich auf das Konto von Ausfuhren in Länder außerhalb der Währungsunion, ein Trend, der sich ganz ähnlich in den übrigen Ländern der Währungsunion beobachten lässt.[36] Die Schwäche der Volkswirtschaften in der Währungsunion seit 2009 und die fehlende Möglichkeit, abzuwerten, haben sich für die griechischen Exporte jedoch als große Hindernisse erwiesen, die 2013 und 2014 entsprechend wieder abbröckelten. Schließlich sind die Löhne noch nicht tief genug gestürzt, um der Wettbewerbsfähigkeit Schwung zu geben und ein starkes Exportwachstum zu beflügeln. Schlimmer noch, nun, wo die Rezession ans Ende gelangt, haben die Importe wieder stark zugelegt, mit der Folge, dass sich in der griechischen Handelsbilanz 2014 ein wachsendes Defizit abzeichnete.

2. Der Weg in die Armut und historische Bedeutungslosigkeit

Das Bild, das Griechenland im Licht dieser Tendenzen bietet, ist schlicht erschreckend. Das Land scheint in einem Gleichgewicht niedrigen Wachstums und außerordentlich hoher Arbeitslosigkeit gefangen, ohne über die Instrumente der Wirtschaftspolitik zu gebieten, die seine Misere ändern könnten. Die Idee, dass niedrige Löhne gepaart mit Deregulierung der Märkte und Privatisierung öffentlicher Vermögenswerte zu nachhaltigem Wachstum führen, ist ohne jegliches theoretisches und empirisches Fundament, wie allenthalben in diesem Buch deutlich geworden ist.

Außerdem wird Griechenland von enorm hohen Schulden niedergedrückt und durch eine Reihe von Abkommen und institutionellen, von EU und Währungsunion festgelegten Mechanismen geknebelt, die das Land zwingen, seine Wirtschaftstätigkeit in die Bedienung seiner Schulden zu kanalisieren. Der einzige Ausdruck, der diese Sachlage angemessen beschreibt, ist Schuldknechtschaft. Angesichts des Ausblicks niedrigen Wachstums und geringer Einkommen dürfte Griechenland – seiner Altersstruktur nach bereits ein überalterndes Land – viele seiner ausgebildeten jungen Leute an die Emigration verlieren, wodurch sich seine langfristigen Aussichten weiter eintrüben. Die Einkommensungleichheit dürfte zunehmen und tiefe Armut zu einem Merkmal der Gesellschaft werden. Das ist der Preis, den das Land für den Verbleib in der Währungsunion und die Hinnahme der von der Troika 2010 erzwungenen Anpassungen zahlt.

Wie wird der griechische Kapitalismus in der Weltwirtschaft in Zukunft dastehen, wenn sich all dies bewahrheitet? Es ist in diesem Kontext hilfreich, daran zu erinnern, dass die Krise von 2007 und 2008 tiefgreifend und strukturell war und aus einer grundlegenden Transformation des Spätkapitalismus in den letzten Jahren erwuchs, die man als »Finanzialisierung des Kapitalismus« bezeichnen könnte.[37] Das ist ursprünglich ein marxistischer Begriff, der eine Form des Kapitalismus beschreibt, die Finanztransaktionen begünstigt und das Streben nach Finanzprofiten selbst bei Industrie- und Handelsunternehmen ermutigt. Dieser Typus des Kapitalismus ist aggressiv räuberisch und bringt, wo immer er Fuß fasst, eine hohe Verschuldung der Haushalte hervor. Er ist ferner zutiefst ungerecht und instabil, was in periodischen Abständen zu Finanzblasen führt. Der Neoliberalismus ist die passende Ideologie des Finanzkapitalismus, und es ist nicht verwunderlich, dass er in den letzten Jahrzehnten so dominant geworden ist.

Eine kurze Zeitlang, während der Krise von 2007 bis 2009, sah es so aus, als ob Maßnahmen ergriffen würden, um die Finanzialisierung rückgängig zu machen und in fortgeschrittenen Ländern, auch durch Schaffung öffentlicher Banken, eine andere Wirtschaftsstruktur einzuführen. Doch seit 2009 ist klar geworden, dass die Finanzialisierung tief verwurzelt ist und nicht weichen wird, nicht zuletzt deshalb, weil Finanzinteressen, vor allem die der Banken, in den Industrie- und Entwicklungsländern enormen politischen Einfluss ausüben. Die Welt wird sich auf absehbare Zeit weiter in der Fahrspur der Finanzialisierung bewegen.

Zusätzliches Licht lässt sich auf die Schaffung der Währungsunion in Europa werfen, wenn man die Union durch die Linse des Finanzkapitalismus betrachtet und dabei die Unterscheidung zwischen inländischer und internationaler Rolle des Euro, die weiter oben erörtert wurde, im Hinterkopf behält. Die Finanzialisierung in Europa wurde von der gemeinsamen Währung geformt, deren Gründung von den Großbanken ebenso wie den selbst Finanzgeschäfte betreibenden Großkonzernen unterstützt wurde. Die Finanzialisierung durch die Währungsunion in Europa hat eine Spaltung in Kern und Peripherie bewirkt, und Letztere trägt bis jetzt die Hauptlast der Krise.

Doch auch andernorts geht die Krise weiter, selbst das stark finanzialisierte Frankreich ist zu einem historischen Verlierer geworden, aus Gründen, die wir oben erläutert haben. Deutschland ist zur vorherrschenden Macht in Europa aufgestiegen, gestützt auf die enorme Lohnzurückhaltung, die es seinen Menschen abfordert, und ihre daraus folgende Einkommensknappheit. In diesem Licht zieht die Krisenpolitik der EU, eingeführt auf Geheiß Deutschlands mit Unterstützung durch die deutschen Exportunternehmen und Großbanken, die Fortsetzung der Finanzialisierung in Europa nach sich, indem sie die Währungsunion in ihrer gegenwärtigen Form aufrechterhält.

In dieser entstehenden globalen und europäischen Ordnung fällt Griechenland als marginales und relativ armes Land in eine untergeordnete Position. Seine Wirtschaft dürfte von einer kleinen Zahl relativ großer Unternehmen beherrscht werden, die auf den internationalen Märkten überleben können. Unter ihnen dürften weiterhin die Banken im Fokus der öffentlichen Politik stehen und bei jeder Wendung erfolgreich auf Wahrung ihrer Interessen pochen. Im Gegensatz dazu werden kleinere und mittlere Unternehmen dezimiert, wodurch sich die Eigentumsstruktur des griechischen Kapitals grundlegend ändert. Das Leben der Mehrheit dürfte von Arbeitslosigkeit, prekären Beschäftigungsverhältnissen und niedrigen Einkommen gekennzeichnet bleiben.

Unterdessen wird die öffentliche Versorgung und Wohlfahrt weiter schrumpfen, während das Erbe der Nation auf Geheiß der Troika nach und nach zu Schleuderpreisen privatisiert wird. Der Staat wird noch mehr seiner Fähigkeiten einbüßen und zunehmend abhängig von den Mechanismen der EU und der Währungsunion werden, wie es einem Schuldknecht zukommt. Gleichzeitig wird er immer autoritärer werden und, gestützt auf seine Sicherheitskräfte, durch Sonderverordnungen regieren, wenn unpopuläre Entscheidungen zu fällen sind. Korruption und Patronage werden sich in seiner Struktur einnisten, aufrechterhalten von einer Allianz zwischen Großunternehmen und Staat. Das ist für Griechenland der Weg in die historische Bedeutungslosigkeit im Klammergriff der zutiefst dysfunktionalen Währungsunion.

XI. Ein alternativer Weg für Griechenland

Die vorangehende Analyse hat deutlich gemacht, dass Griechenland dringend handeln muss, um den schweren Schaden zu beheben, den es durch die grundlegende Dysfunktionalität der Währungsunion, die Rezession und die Anpassungspolitik der Troika erlitten hat. Ebenso klar ist jedoch, dass das dazu erforderliche Programm gleichzeitig die Bedingungen für einen tiefgreifenden gesellschaftlichen Wandel des Landes im Interesse der Arbeitnehmer schaffen und das Gewicht von den Großunternehmen und anderen Formen des Kapitals, die jahrzehntelang die politische Agenda beherrschten und von ihr profitierten, wegverlagern muss.

Zu beachten ist, dass sich die erforderlichen alternativen Programme für Griechenland in einem bestimmten Maß auch in anderen Peripherieländern anwenden lassen, weniger jedoch in den Kernländern. Das Ausmaß der wirtschaftlichen, gesellschaftlichen und politischen Zerstörung an der Peripherie ist weit größer, ebenso wie die Notwendigkeit sofortigen Handelns. Auch allgemein ist die Lage der Kern- und Peripherieländer innerhalb der Währungsunion sehr verschieden. Die Kernländer sind in einer Schlüsselposition, das Scheitern des Projekts der Währungsunion als Ganzes in Betracht zu ziehen und es möglicherweise durch ein System kontrollierter Wechselkurse sowie internationaler Transaktionen und Schulden zu ersetzen, ähnlich wie in den vorangehenden Kapiteln beschrieben.

Im restlichen Teil des Buches wendet sich die Analyse daher der Frage nach Alternativprogrammen zu, die sich insbesondere auf Griechenland richten, immer auch mit Blick auf die Misere in anderen Peripherieländern. In diesem Licht gibt es sechs zusammenhängende Probleme, die ein solches Programm für Griechenland in einer Weise lösen muss, die den Interessen der Arbeitnehmer gerecht wird und so zum Vorbild für andere Peripherieländer werden kann.

1. Die Staatsverschuldung: der Imperativ eines Schuldenerlasses

Kein Alternativprogramm für Griechenland wäre plausibel, ohne zuerst die Schuldenfrage zu lösen. Das liegt nicht nur an den riesigen jährlichen Kosten, welche die Verschuldung verursacht, sondern auch daran, dass der von der Troika aufgezwungene politische Rahmen grundsätzlich von dem Erfordernis bestimmt wird, den Schuldendienst zu leisten.

Die Nachhaltigkeit der öffentlichen Verschuldung ist in erster Linie eine Frage der Einkommensströme, wie detailliert in vorangehenden Abschnitten des Buchs dargelegt. Genauer gesagt muss der Strom des nationalen Einkommens durch Wachstum wiederhergestellt werden, um die nötige Voraussetzung für den Schuldendienst zu schaffen. Die Ströme frischer Schulden und Schuldenrückzahlungen müssen ebenfalls angemessen gesteuert werden, um künftige Schuldenkrisen zu vermeiden. Die geeignete Politik, um diese Ergebnisse zu erreichen, geht eindeutig über das Thema Schulden hinaus und richtet sich auf Fragen des Wachstums und der öffentlichen Finanzen, die unten erörtert werden.

Die Frage der Nachhaltigkeit der Schulden bezieht sich auf die Schuldenbestände, die in mehreren Peripherieländern nicht mehr beherrschbar sind. Die Umschuldung der griechischen Bestandsschulden erfordert Abschreibungen, eine Politik, die unweigerlich konfrontativ ist, da sie Zahlungseinstellung, langwierige Verhandlungen und gewöhnlich beträchtliche rechtliche Verfahren nach sich zieht. Es ist daher von größter Bedeutung, dass die Umschuldung von einer Regierung der Linken mit vollständiger Transparenz gehandhabt wird. Das bedeutet direkte Bürgerbeteiligung, Öffnung der Bilanzbücher zur öffentlichen Revision der nationalen Verschuldung und demokratische Kontrolle über den gesamten Umschuldungsprozess. Ein nützlicher Schritt in diesem Prozess wäre die Einsetzung einer Kommission zur Schuldenrevision.

Seit 2010 probierte Griechenland die Lösungen für sein Schuldenproblem aus, die seine Gläubiger vorschlugen, jedoch mit kaum merklichen Ergebnissen. Die Sicherung von Mitteln zur Gewährleistung der Schuldenrückzahlung war das vordringlichste Ziel der Haushaltspolitik. Das Land führte harte Sparmaßnahmen durch und handelte mit seinen Gläubigern 2011 und 2012 eine geordnete Umschuldung aus, die im Wesentlichen inländischen Anlegern, darunter Banken, einen sogenannten *haircut*, das heißt einen Schuldenschnitt abtrotzte. Trotzdem erreichte die Schuldenlast 2014, gerade wegen der verheerenden Wirkung der Troika-Politik, 177 Prozent des Bruttoinlandsprodukts, das waren vier Prozent mehr als der bis dahin höchste Schuldenstand im Jahr 2012. Schlimmer noch, wie Grafik 9 zeigt, ist der künftige Schuldenpfad Griechenlands bei einer Beibehaltung der gegenwärtigen Politik, wie sie in den Vereinbarungen zum Rettungspaket festgeschrieben ist, schlichtweg erschreckend:

Grafik 9 zeigt die projektierte Entwicklung der griechischen Staatsverschuldung nach Schätzung des IWF. Ohne eine Änderung der gegenwärtigen Politik wird es 26 Jahre Sparpolitik brauchen, damit Griechenland seine Verschul-

Grafik 9

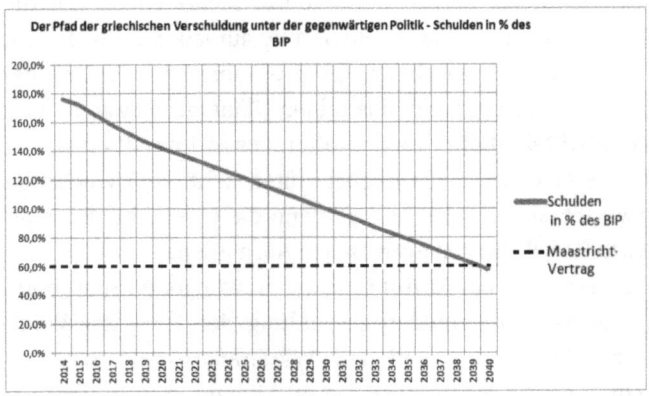

Quelle: IMF World Economic Outlook 2014; Berechnungen der Autoren

dung auf ein mit dem Maastricht-Vertrag im Einklang stehendes Niveau senken kann. Zu den Annahmen, von denen diese Projektion ausgeht, gehören jährliche Zinsen von 3,6 Prozent (in Übereinstimmung mit dem aktuellen Niveau und Projektionen des IWF), eine Wachstumsrate von 2,8 Prozent und ein primärer Überschuss von 4,2 Prozent des Bruttoinlandsprodukts. Zu beachten ist, dass die projizierte Wachstumsrate etwas höher liegt als im historischen Durchschnitt der letzten 50 Jahre. Zudem war kein Land der Geschichte je in der Lage, Primärüberschüsse über Perioden von über zehn Jahren zu erzielen. Kurz, die Bedingungen, unter denen das Land gemäß den Annahmen des IWF bis 2040 seine Schuldenlast auf Maastricht-Niveau reduzieren soll, können nur auf einem Excel-Blatt existieren.

Trotz ihrer Unfähigkeit, den Anteil der Schulden am Bruttoinlandsprodukt in den Griff zu bekommen, fährt die griechische Regierung fort, immer mehr Mittel in die Bedienung von Schulden zu stecken, die aus wirtschaftlichen, sozialen und politischen Gründen realistischerweise nicht zurückgezahlt werden können – und sollten. Selbst nach der Umschuldung von 2011/2012 hat die Regierung 2012 und 2013 die atemberaubende Summe von 146,6 Milliarden Euro für den Schuldendienst aufgebracht.[38] Berücksichtigt man nur die Zinszahlungen, so hat die Regierung auf jeden Euro, den sie 2012 und 2013 investierte, ihren Gläubigern 1,43 Euro bezahlt. Von einem Land, das seinen Gläubigern systematisch mehr Mittel zuführt als den öffentlichen Investitionen und der Bereitstellung öffentlicher Güter, kann kein Wachstum erwartet werden, geschweige denn die Überwindung einer Wirtschaftskrise von historischen Ausmaßen.

Zudem wird bei Fortführung der erzwungenen Sparpolitik im Dienst der Schuldenrückzahlung der Preis der Wohlfahrtsminderung gewaltig sein. Wie Grafik 10 zeigt, wird von dem Land die Einsparung von 40 Milliarden Euro über die nächsten fünf Jahre erwartet, um seine Gläubiger zu befriedigen. Aber es würde nur 30 Milliarden Euro kosten, die Ausgaben für Gesundheit, Wohnungsbau und Bildung auf das Niveau vor der Krise zurückzuführen. Das ist die quantitative Seite der Schuldknechtschaft.

Grafik 10

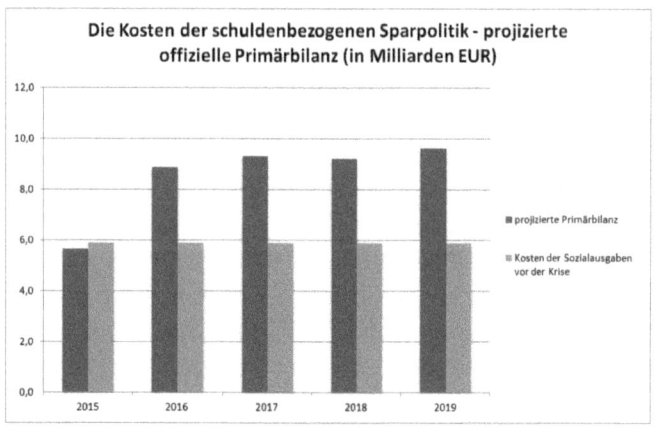

Quelle: IMF World Economic Outlook 2014; Eurostat; Projektionen der Autoren

Grafik 10 zeigt die Kosten in Milliarden Euro, die Griechenland von der Troika auferlegt wurden, um die Bedingungen der Schuldenkonsolidierung gemäß den Rettungspaketen zu erfüllen. Sie werden verglichen mit den Beträgen, die aufgewendet werden müssten, um das Ausgabenniveau für Gesundheit, Wohnungsbau und Bildung vor Ausbruch der Krise wiederherzustellen. In den nächsten fünf Jahren wird von Griechenland erwartet, 40 Milliarden Euro einzusparen, um seine Schulden zu bezahlen, während es 30 Milliarden kosten würde, lebenswichtige öffentliche Dienstleistungen wiederherzustellen.

Es wird in der aktuellen politischen Debatte zuweilen vorgeschlagen, die Zinsen zu reduzieren, die Griechenland auf seine Kredite leisten muss. Nach jeder vernünftigen Kalkulation würde das, wenn es denn akzeptiert würde, wahrscheinlich nicht mehr bringen als eine Verminderung der Bruttoschulden um fünf Prozent des Bruttoinlandsprodukts bis 2019.[39] Außerdem würde es weitere 26 Jahre der Sparpolitik dauern, um die Staatsverschuldung auf ein Niveau zurückzuführen, das mit dem Maastricht-Vertrag im Einklang steht. Eine Alternative ist vonnöten. Griechenland kann und sollte nicht gezwungen werden, seine Staatschulden unter den gegenwärtigen Bedingungen zurückzuzahlen. Man kann nicht vom griechischen Volk erwarten, sich im Namen eines Ziels, das wirtschaftlich unmöglich zu erreichen ist, einem endlosen Prozess sinkenden Lebensstandards zu unterwerfen.

Die Alternative muss mit einer entscheidenden Reduktion der Bestandsschulden beginnen, ein umfassender Schuldenerlass, der sich sogar auf Hunderte von Milliarden Euro belaufen könnte. Der heute desaströsen Lage der griechischen Gesellschaft angemessen wäre es, die Schulden auf Maastricht-Niveau von 60 Prozent des Bruttoinlandsprodukts zu reduzieren (eine Kürzung um grob 200 Milliarden Euro). In diesem Fall stünden der Regierung jährlich mindestens zehn Milliarden Euro zusätzlich zu Verfügung, um für eine adäquate Versorgung mit öffentlichen Gütern und Dienstleistungen zu sorgen, die notwendig ist, um die wirtschaftlichen, sozialen und kulturellen Rechte der griechischen Bürger zu wahren und gleichzeitig eine umsichtige Fiskalpolitik zu betreiben.[40]

Ein radikaler Schuldenschnitt würde natürlich Griechenlands Gläubigern Verluste bescheren. Es ist daher an dieser Stelle nötig, einen genaueren Blick auf die Zusammensetzung der griechischen Staatsschulden zu werfen.[41] 2009, als die griechische Schuldenkrise kurz vor dem Ausbruch stand, betrug die griechische Staatsverschuldung 300 Milliarden Euro (130 Prozent des Bruttoinlandsprodukts) und erreichte ihren Gipfel 2011 mit 355 Milliarden Euro (170 Prozent des Bruttoinlandsprodukts), bevor sie 2012 auf 304 Milliarden Euro absank (157 Prozent des Bruttoinlandsprodukts). Ende 2013 jedoch war die Staatsverschuldung wieder auf 320 Milliarden Euro hochgeschnellt (174 Prozent des Bruttoinlandsprodukts).

Das Sinken der Staatsverschuldung 2012 verdankte sich der Umschuldung mit Beteiligung des Privatsektors, die grob 200 Milliarden Euro Schuldtitel in privater Hand betraf und eine Abschreibung von 50 Prozent des Nominalwerts sowie einen Schuldenrückkauf festschrieb. Das Gros der Verluste betraf griechische Anleger, darunter Banken, Sozialversicherungen und Kleinanleger. Die Verluste der Banken wurden durch eine frische öffentliche Kreditaufnahme wettgemacht, was die Minderung der Staatsverschuldung wieder einschränkte.

Abgesehen von diesem Zahlungsausfall für Private wurden die griechischen Staatsschulden während der Krisenjahre auf vier Wegen durchgreifend umgeschuldet:

1. Die Zusammensetzung der Schulden wurde seit 2010, als sie hauptsächlich aus Staatsanleihen nach griechischem Recht bestand, drastisch verändert. Ende 2013 umfassten

die griechischen Staatsschulden vor allem langfristige Kredite offizieller Kreditgeber unter den Bedingungen der beiden Rettungspakte von 2010 und 2011. Von den 320 Milliarden Euro griechischer Staatsschulden Ende 2013 waren, genauer gesagt, grob 65 Milliarden (20 Prozent) immer noch in der Hand privater Gläubiger, weitere 65 Milliarden Euro (20 Prozent) hielten EZB und IWF, und die verbleibenden 190 Milliarden Euro (60 Prozent) lagen bei der EU und der Europäischen Finanzstabilisierungsfazilität. So sind aktuell 80 Prozent der griechischen Staatsschulden in der Hand öffentlicher Gläubiger, üblicherweise unter ausländischem Recht.

2. Die gewichteten jährlichen Kosten der griechischen Schulden fielen deutlich von etwas über vier Prozent 2009 auf etwas über zwei Prozent 2012, allerdings scheinen sie 2013 wieder auf über drei Prozent gestiegen zu sein.
3. Die gewichtete durchschnittliche Laufzeit der griechischen Schulden wurde beträchtlich verlängert und stieg von etwas unter acht Jahren 2009 auf 16 Jahre 2013.
4. EU-Kredite haben ausgedehnte zins- und tilgungsfreie Zeiten, das Fälligkeitsprofil der Staatsschulden hat sich daher beträchtlich verbessert. Zwischen 2016 und 2036 wird Griechenland jährlich zwischen zumeist fünf und zehn Milliarden Euro geringere Rückzahlungen leisten müssen.

Trotz dieser durchgreifenden Veränderungen in Volumen und Zusammensetzung der Schulden hat sich die griechische Wirtschaft beträchtlich abgeschwächt und wird, wie bereits gezeigt, kaum mit der gegenwärtigen Staatsschuldenlast fertig. Ein weiterer Schuldenschnitt ist gefordert, und angesichts der Zusammensetzung der Schulden wird das Gros der Verluste die öffentlichen Kassen der EU-Länder treffen, überwiegend jene der Kernländer. Unnötig zu erwähnen, dass dies ein politisch sehr schwer zu erreichendes Ziel ist und einseitige Schritte Griechenlands erfordern würde, einschließlich der Erklärung der zeitweiligen Zahlungsaussetzung und Durchführung einer umfassenden öffentlichen Schuldenrevision. Unter Rückgriff auf die Ergebnisse dieses Audits, aber auch der historischen Erfahrungen mit mehreren vorangehenden Schuldenschnitten, wäre es möglich, den Bestand der griechischen Schulden auf ein Niveau zu drücken, das mit den Bedürfnissen und Rechten des griechischen Volkes vereinbar wäre. Europa muss verstehen, dass die öffentlichen Finanzen dazu da sind, die Bedürfnisse der Menschen zu befriedigen, nicht die des Großkapitals. Nur indem man Griechenland die Schuldenfesseln abnimmt, kann das Land zu Wachstum und einem würdigen Lebensstandard zurückfinden.

2. Beendigung der Sparpolitik: keine Haushaltsüberschüsse, keine ausgeglichenen Budgets mehr

Der gegenwärtige Rahmen der griechischen Fiskalpolitik wird, erstens, durch das Erfordernis der Bedienung der Staatsschulden und, zweitens, die strengen Regeln der Europäischen Wirtschafts- und Währungsunion bestimmt. Deshalb betreibt Griechenland durch Ausgabenkürzungen und die Erhöhung von Steuern auf bereits arg gebeutelte Einkommen eine drastische Sparpolitik. Das kurzfristige Ziel besteht darin, einen sehr hohen Primärüberschuss zu erreichen (bis zu 4,5 Prozent des Bruttoinlandsprodukts 2016), um die Staatsschulden weiterhin zurückzahlen zu können. Längerfristig wird das Land unter den Auspizien der EU einer strengen Fiskalpolitik folgen müssen und so dauerhaft Defizite vermeiden.

Grafik 11 zeigt deutlich den Einbruch bei den Staatsausgaben nach 2009, aber auch den Rückgang des Gesamtsteueraufkommens trotz enormer Erhöhung der Steuersätze und Vermehrung der Besteuerungsformen, während die Wirtschaft in eine gravierende Rezession stürzte.

Grafik 11

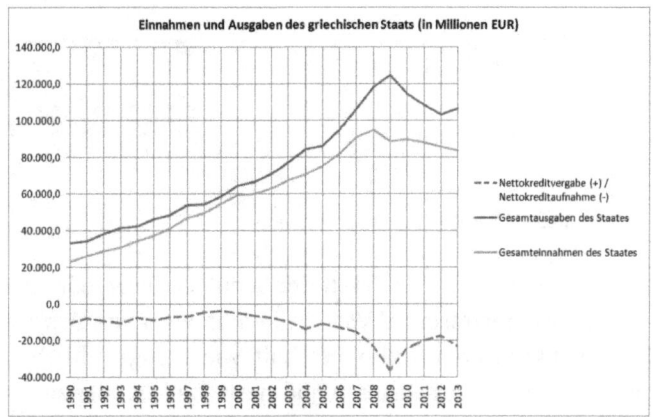

Quelle: Eurostat; Berechnungen der Autoren

Die Realität hinter diesem die Wirtschaft rupfenden Sturm von Steuern wird in Grafik 12 deutlich, die wiederum die Abnahme das Gesamtsteueraufkommen zeigt, während die Steuereinnahmen von Privaten und Haushalten *steigen* und der Steuerertrag aus Unternehmensgewinnen *fällt*. Es besteht kein Zweifel, dass dies eine Volkswirtschaft ist, die Selbstmord begeht.

Eine derart drastische Austerität inmitten einer tiefen Rezession ist wahrhaft schlechte Ökonomie und wirkte sich im Hinblick auf Produktion und Beschäftigung, den Wohlfahrtsstaat und die allgemeinen Fähigkeiten des Staatsapparats verheerend aus. Eine linke Regierung sollte die Politik streng beschnittener und ausgeglichener Haushalte rundweg ablehnen. Das Hauptziel der Fiskalpolitik sollte die Wiederbele-

Grafik 12

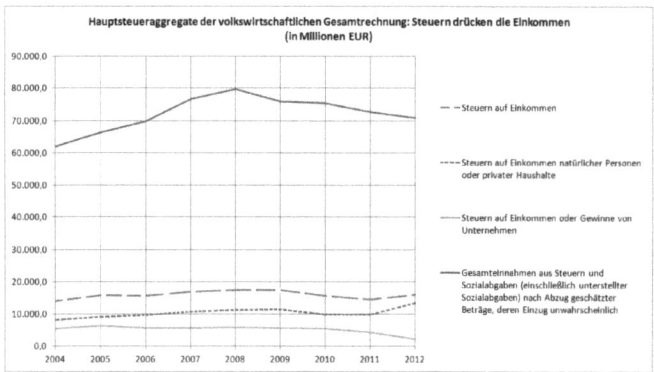

Quelle: Eurostat; Berechnungen der Autoren

bung der Wirtschaft sein, statt der Schuldendienst oder die Befolgung desaströser EU-Vorschriften. In einer von Depression heimgesuchten Volkswirtschaft wie der griechischen mit 1,3 Millionen Arbeitslosen und riesigen nicht oder zu gering genutzten Ressourcen ist eine expansive Fiskalpolitik eine absolute Notwendigkeit. Budgetdefizite für eine begrenzte Zeit sollten toleriert werden, da sie Steueraufkommen generieren können, sobald die Wirtschaft Fahrt aufnimmt.

Es gibt zwei unmittelbare Finanzierungsquellen für eine angemessene Fiskalpolitik einer Linksregierung. Erstens würden ein beträchtlicher Schuldenschnitt und die damit einhergehende Einstellung von Zahlungen erhebliche Mittel freisetzen, wie oben gezeigt; zweitens kann eine Notkreditaufnahme auf dem inländischen Markt durch zweckgebundene Staatsanleihen erfolgen. Besonders die Abschreibung großer Teile der Staatsschulden wäre ein entscheidender Schritt einer Fiskalpolitik, die auf Schaffung von Arbeitsplätzen, Verbesserung der Lebensbedingungen der Menschen, Stärkung der wichtigen Bereiche des Gesundheits- und Bildungssektors und die Wiederbelebung der Wirtschaft zielt. Wie bereits oben erwähnt, könnte ein Schuldenschnitt, der die griechische Staatsverschuldung auf die im Maastricht-Vertrag vorgesehene obere Verschuldungsgrenze von 60 Prozent des Bruttoinlandsprodukts reduziert, dem Land zusätzlich zehn Milliarden Euro (5,4 Prozent des Bruttoinlandsprodukts) einbringen, ein fiskalpolitischer Spielraum, um die durch die Sparpolitik angerichteten Schäden zu beseitigen und gleichzeitig die öffentliche Versorgung wiederaufzubauen.

Wenn eine linke Regierung auch die geldpolitische Souveränität erlangte, könnten die Haushaltsdefizite für begrenzte Zeiträume monetisiert werden. Es gibt keinen Beweis, dass die Ausgabe von Geld in außerordentlichen Mengen als Teil einer lockeren Geldpolitik, wie zu verschiedenen Zeiten in den letzten beiden Jahrzehnten in Japan, USA und Großbritannien geschehen, die Inflation erheblich angeheizt hätte. Die geringste Sorge einer linken Regierung in Griechenland wäre zum gegenwärtigen Zeitpunkt eine Inflation, besonders in einem Land, das sich bereits in einer Deflation befindet.

Kommen wir noch etwas detaillierter auf die Ausgabenseite zu sprechen. Der Fokus der Fiskalpolitik muss darauf gerichtet sein, dem griechischen Volk wieder in Arbeit zu verhelfen und gleichzeitig den Wohlfahrtsstaat wiederherzustellen. Ein erstes Maßnahmenbündel sollte sich um die Einführung eines Programms zur Arbeitsplatzgarantie drehen, um auf kommunaler Ebene öffentlich finanzierte Beschäftigung zu schaffen. Eine Studie aus jüngster Zeit bietet sorgsam abgeleitete Schätzungen, dass ein solches Programm zu geschätzten Nettokosten von 4,2 Milliarden Euro 550 000 neue Jobs schaffen könnte.[42] Es muss angemerkt werden, dass sich die Untersuchung nicht allzu klar über die Finanzierungsquellen solcher Programme auslässt, die natürlich zunächst wesentlich höheren Anfangskosten verursachen würden als die 4,2 Milliarden Euro Nettokosten, bis die Steuereinnahmen aus der gestiegenen Beschäftigung schließlich zurück an den Fiskus strömen. So ist es etwa sehr unwahrscheinlich, dass europäische Mittel für diesen Zweck verfügbar wären. Gäbe es indes einen radikalen Schuldenschnitt, hätte eine Linksregierung sofort Zugang zu Mitteln, die genutzt werden könnten, um der Beschäftigung durch solche Programme Schwung zu geben. In diesem Zusammenhang sollte kommunalen Projekten zur Bekämpfung der lokalen Arbeitslosigkeit eindeutig Vorrang eingeräumt werden.

Eine weitere Gruppe von Ausgaben sollte auf den Wiederaufbau des griechischen Wohlfahrtsstaats gerichtet sein. Das Ziel bestünde hier darin, die Abdeckung und Qualität der Bereitstellung öffentlicher Güter zu steigern, das Vertrauen in die staatlichen Institutionen wiederherzustellen und zugleich die verfügbaren Einkommen der Haushalte zu heben. Zu den dringenden und umfänglichen Maßnahmen gehören die Wiederherstellung der primären Gesundheitsversorgung und sozialen Unterstützung, Nothilfen für obdachlose Familien und Alleinstehende, deren Zahl sich während der Krise in für ein europäisches Land beispielloser Weise erhöht hat, Lebensmittelhilfen, um den verbreiteten und chronischen Mangel insbesondere in den Städten zu beseitigen, und Anschluss an die Elektrizitätsversorgung für diejenigen, denen der Strom abgestellt wurde.

Sobald die unmittelbare Not durch die Zerstörung des gesellschaftlichen Lebens auf dem Wege der Sparpolitik gelindert ist, muss sich die Fiskalpolitik darum kümmern, die Volkswirtschaft in Richtung Wachstum und soziale Gerechtigkeit neu auszubalancieren. Eine sehr gezielte Industriepolitik ist in dieser Hinsicht entscheidend. Ihr Hauptziel als Teil der Fiskalpolitik wäre es, ein öffentliches Programm für Investitionen in die Infrastruktur, Forschung und Entwicklung sowie Bildung aufzulegen. Einige weitere Aspekte dieser Politik werden unten erörtert.

Auf der Einkommensseite der Fiskalpolitik sollten sofort Maßnahmen ergriffen werden, um die Steuerlast der Haushalte sowie kleinen und mittleren Firmen zu erleichtern mit dem Ziel, die Beschäftigung zu fördern und das verfügbare Einkommen zu erhöhen.[43] Mehrere Optionen sind verfügbar, die sorgfältig kalkuliert werden müssen, um ihre Kostenneutralität sicherzustellen. Dazu gehören:

1. Eine Erhöhung des Grundfreibetrags, um das verfügbare Einkommen der Haushalte zu steigern, einschließlich der Gruppen in oder nahe der Mitte der Einkommensverteilung.
2. Eine Reduzierung des Mehrwertsteuersatzes mit besonderem Fokus auf den breiten Konsum.
3. Die Abschaffung der kürzlich verabschiedeten Immobiliensteuer, die durch eine Steuer auf Haushalte mit großen Immobilien ersetzt werden sollte. Auch die Erbschaftssteuer sollte für Haushalte mit großem Immobilienbesitz erhöht werden.
4. Die Umstrukturierung der Unternehmensbesteuerung, um kleine und mittlere Betriebe zu bevorzugen und die Beschäftigung anzuregen. Die Progressionsskala sollte so gestaltet werden, dass sie die Steuerlast multinationaler Konzerne erhöht, von kleinen und mittleren Firmen dagegen senkt. Zudem könnte der Arbeitgeberanteil bei kleinen und mittleren Betrieben gesenkt werden, wobei der Einkommensausfall durch höhere Steuern für multinationale Konzerne ausgeglichen werden könnte. Diese Maßnahmen würden die Kapitalbildung in der Wirtschaft als Ganzes fördern.
5. Erhöhung der Steuern auf Dividenden, Zinsen und Kapitalgewinne.
6. Einführung einer Reichensteuer.

Um die Auswirkungen von Steuersenkungen auf die Einkommensseite zu neutralisieren, müssen komplementäre Maßnahmen ergriffen werden, um die Steuerhinterziehung zu bekämpfen. Selbst vier Jahre nach Beginn einer tiefgreifenden Spar- und Rettungspolitik liegt die Hauptlast der Anpassung immer noch auf den leicht zu besteuernden Beziehern von Lohneinkommen und Renten, während die Reichen sich weiter der Besteuerung entziehen, wie auch der IWF erkennt.[44] Das muss sich unbedingt ändern, gehen dem griechischen Staat doch Schätzungen zufolge jährlich sieben bis neun Milliarden Euro durch Steuerhinterziehung verloren.[45] Zum Mindesten muss es eine Verschärfung und Verfeinerung der Strafen für große Steuerhinterzieher geben. Die nationale Steuerbehörde sollte durch Erhöhung des Personals und bessere Entlohnung weiter reformiert und gestärkt werden.

3. Das Bankensystem: das Scheitern der Privatbanken und die Notwendigkeit ihrer Verstaatlichung

Die Privatbanken in Griechenland sind gescheitert und die Kosten, die dieses Scheitern dem Land verursacht, sind beträchtlich. Vor 2008 schwollen die Bilanzen der Privatbanken rapide an, von 181 Milliarden Euro im Dezember 1999 auf 544 Milliarden Euro im Juni 2010. Ihre Kredite dienten jedoch nicht gesellschaftlich wichtigen Aktivitäten, und viele waren von schlechter Qualität.

Erstens verwendeten die Banken nur einen kleinen Teil ihrer Bilanzsummen für Kredite an Unternehmen außerhalb des Finanzsektors. Die Summe solcher Kredite wuchs von 53 Milliarden Euro im Januar 2001 (die frühesten verfügbaren Daten der EZB) auf 123 Milliarden Euro im Juni 2010, umfasste zu diesem Zeitpunkt also nur 23 Prozent der Gesamtaktiva.[46]

Zweitens offenbarte die Krise, dass die Investitionen, die für das Anschwellen der Bankbilanzen sorgten, von schlechter Qualität waren: Der Kapitalbedarf griechischer Privatbanken wurde im Dezember 2012 auf 50 Milliarden Euro geschätzt.[47]

Als Folge musste das Bankensystem mit einer Kombination aus Mitteln der Troika und des griechischen Staats wiederholt gerettet werden. Die Bankenrettungen waren einer der Hauptgründe für die ungeheure Sparpolitik, die dem Land aufgezwungen wurde. Insbesondere wurde den griechischen Banken von der Zentralbank umfängliche Liquidität bereitgestellt, ohne die sie völlig gescheitert wären. Zur Spitzenzeit, im Juli 2012, hatte die griechische Zentralbank Forderungen gegen inländische monetäre Finanzinstitute in Höhe von 135 Milliarden Euro sowie von 13,2 Milliarden Euro in Form von Krediten und Staatsanleihen gegen den griechischen Staat.

Grafik 13 veranschaulicht das Ausmaß der Liquiditätshilfe, die den inländischen Banken und der Regierung auf dem Höhepunkt der Finanzkrise von 2012 von der griechischen Nationalbank zu Verfügung gestellt wurde. Die Bank von Griechenland stützte sich offenkundig auf die von der EZB und dem Europäischen System der Zentralbanken (ESZB) bereitgestellte Liquidität, wie sich aus dem rapiden Anstieg der

Grafik 13

Quelle: Bank von Griechenland

Verbindlichkeiten während dieser Phase ablesen lässt. Der Wendepunkt kam 2012, als Deutschland durch Kanzlerin Angela Merkel wissen ließ, dass es Griechenland zum gegenwärtigen Zeitpunkt nicht aus der Eurozone drängen werde. Danach nahm das Ausmaß der Stützungen privater Banken und auch die von EZB und ESZB der Bank von Griechenland zu Verfügung gestellte Liquidität jäh ab.

Darüber hinaus erhielten griechische Banken gewaltige Kapitalspritzen sowohl vom griechischen Staat wie von der Troika. Bis Ende 2013 half der griechische Finanzstabilitätsfonds, dessen Kapital von der Europäischen Finanzstabilitätsfazilität bereitgestellt wurde und 2013 auf 49,7 Milliarden Euro anschwoll, den vier systemrelevanten griechischen Banken mit Geldern in Höhe von 22,5 Milliarden Euro, hielt nicht ausgeschüttete EFSF-Anleihen für weitere Kapitalspritzen im Wert von 10,3 Milliarden Euro bereit und glich derivative Verbindlichkeiten von 2,2 Milliarden Euro und akkumulierte Verluste von 15,3 Milliarden Euro aus. Ein Gutteil der Verluste entstand aus der Rekapitalisierung von Banken, die in der Folge mit Verlusten an die vier systemrelevanten Banken verkauft wurden, denen der griechische Finanzstabilitätsfonds Kapital bereitstellte.[48]

Trotz dieser Hilfen waren die Banken 2014 beileibe nicht in gesunder Verfassung. 2013 hielten griechische Banken mit den höchsten Anteil an faulen Krediten auf der Welt in Höhe von 31,3 Prozent der Gesamtbruttodarlehen. Die notleidenden Kredite nahmen im Lauf der Rezession gewaltig zu und erreichten 2014 einen Wert von 80 Milliarden Euro, von denen vielleicht 45 Milliarden auf Unternehmenskredite und der Rest auf Kredite an die privaten Haushalte (Hypotheken und Konsumentenkredite) entfielen.[49]

Das Bankgeschäft gründet auf dem Vertrauen, dass Banken ihre Verbindlichkeiten in voller Höhe fristgerecht begleichen. Ein Barometer für dieses Vertrauen ist das Geldvolumen, das die Banken – die Schiedsrichter der Kreditwürdigkeit einer Volkswirtschaft – sich untereinander leihen. Dieses Volumen ist seit Ausbruch der Krise trotz der Bemühungen der Troika und des griechischen Staates, die Banken und den Interbankenmarkt zu regenerieren, stetig gefallen. Griechische Privatbanken schuldeten im Juni 2010 anderen inländischen Privatbanken neun Milliarden Euro, im Juni 2014 aber waren es nur noch 2,7 Milliarden. Ähnlich bei den Geschäften mit anderen privaten Banken der Eurozone: Ihnen schuldeten die griechischen Privatbanken im Juni 2010 noch 60,4 Milliarden Euro, im Juni 2014 indes nur noch 8,1 Milliarden.[50] Kurz, die griechischen Banken hielten einen riesigen Anteil fauler Kredite, während sie weitgehend von den anderen europäischen Banken abgeschnitten waren und sich untereinander nur sehr wenig Geld liehen. Das sind unmissverständliche Anzeichen eines scheiternden Bankensystems.

Nachdem sie die Schuldenabhängigkeit der Volkswirtschaft während des Booms der Nullerjahre verstärkt hatten, fanden sich die griechischen Banken im Ergebnis in einer Spirale des Schuldenabbaus wieder, die dazu führte, dass der Volkswirtschaft während der Rezession Kredite versagt blieben. So wurde die fiskalische Sparpolitik von einer Bankkreditklemme noch verstärkt. Grafik 14 zeigt das rapide Schrumpfen der Aktiva und Passiva griechischer Banken. Der Niedergang der Bankkreditvergabe zusammen mit hohen Zinsen für neue Darlehen lähmte die Wirtschaftstätigkeit.

Im Einzelnen ist die Bilanzsumme der Banken von 544 Milliarden Euro im Juni 2010 auf 397 Milliarden im Juli 2014 geschrumpft, die Kredite für inländische Unternehmen außerhalb des Finanzsektors sind im selben Zeitraum von 124 Milliarden auf 95 Milliarden Euro zurückgegangen. Der Trend ist ähnlich bei der Kreditvergabe an die privaten Haushalte: In der Boomzeit wurden zu viele Kredite zu locker ausgeteilt (ihr Gesamtumfang stieg von 31,9 Milliarden Euro im Januar 2003 auf 124 Milliarden Euro im Juni 2010), während in den Krisenjahren Knappheit vorherrschte (die Kre-

Grafik 14

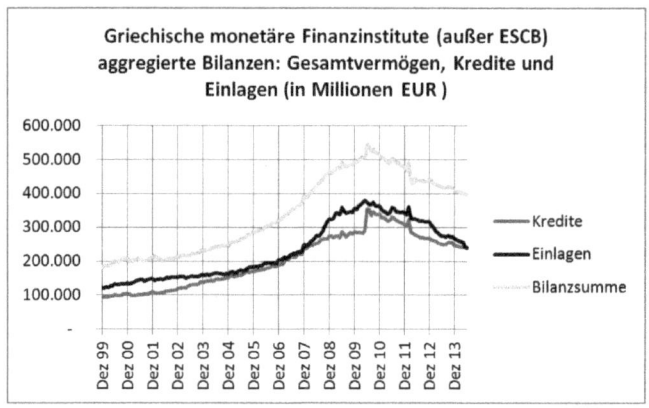

Quelle: EZB

dite fielen bis Juni 2014 auf 112,7 Milliarden Euro).[51] Im Ergebnis wurden die privaten Haushalte finanziell in die Enge getrieben, was wiederum ihr Ausfallrisiko erhöhte und so die Zahl der notleidenden Kredite noch weiter in die Höhe trieb. Um allem die Krone aufzusetzen, begaben sich die Banken in eine Abwärtsspirale der Entschuldung und lösten durch ihre Schwäche eine Kreditknappheit aus, was die Wirtschaft weiter schwächte und wiederum zur weiteren Verschlechterung der Lage der Banken beitrug.

Angesichts geringer Aussichten, unter der gegenwärtigen Politik aus diesem Teufelskreis auszubrechen, und noch geringerer Hoffnung auf strukturelle Änderungen der EU, um die Wiederholung dieses Musters zu verhindern, ist es Zeit für einen Richtungswechsel. Die Banken sollten vollständig verstaatlicht werden und unter staatliche Verwaltung und demokratische Kontrolle gestellt werden. Nach einer vollständigen Revision müssen die faulen Kredite ausgelagert werden, um ein gesundes Bankensystem auf Grundlage öffentlichen Kapitals zu schaffen. Außerdem sollte eine nationale Entwicklungsbank ins Leben gerufen werden, um langfristige Wachstumsprojekte zu finanzieren. Zudem sollten Privathaushalten die Schulden erlassen werden, mit öffentlichen Bürgschaften beziehungsweise Entschädigungen für die Gläubiger. Das nationalisierte Bankensystem sollte die Vergabe kurzfristiger Kredite ausweiten und Liquidität bereitstellen, besonders an kleine und mittlere Betriebe, die das Rückgrat der griechischen Wirtschaft bilden, alles mit dem Zweck, die Wirtschaftstätigkeit kurzfristig wiederzubeleben und die Beschäftigung zu fördern.

4. Die schlimmsten Folgen der Krise beheben und gute Arbeitsmarktbedingungen schaffen

Heerscharen griechischer Lohnabhängiger haben ihre Arbeit verloren, und der Einbruch der Einkommen belastet auch diejenigen, die noch in Arbeit sind. Grafik 15 zeigt den explosiven Anstieg der Arbeitslosigkeit im Lauf der Krise, und wie exorbitant die Quote junger Arbeitsloser ist.

Grafik 15

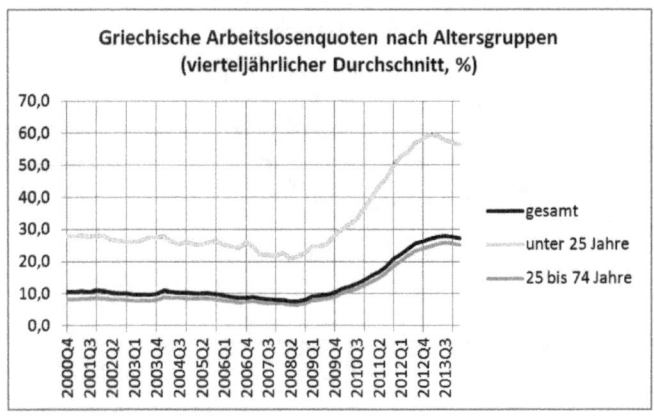

Quelle: Eurostat

Laut OECD »beeinträchtigt die Krise das Wohlergehen der Menschen am meisten durch Arbeitslosigkeit und die Verschlechterung der Arbeitsmarktbedingungen … Die schlechte Beschäftigungssituation wirkte sich erheblich auf die Lebenszufriedenheit aus.«[52] Der Verlust der Arbeit, das Sinken der Löhne und der Niedergang der öffentlichen Versorgung haben für einen großen Teil der Bevölkerung dramatische Zustände geschaffen, was die Versorgung mit grundlegenden Gütern wie Nahrung, Energie, Medizin und Wohnraum betrifft. Offizielle Statistiken bringen nur ungenügend das Elend zum Ausdruck, in das ein breiter Teil der Bevölkerung abgerutscht ist.

Die Grafiken 16 und 17 veranschaulichen das rasche Anschwellen der materiellen Verarmung und den Zusammenbruch der Gesundheitsausgaben pro Kopf seit Beginn der Rettungsaktionen. Diese plötzlich einsetzenden Tendenzen drängen Griechenland mit Macht in die Richtung eines Entwicklungslands.

Grafik 16

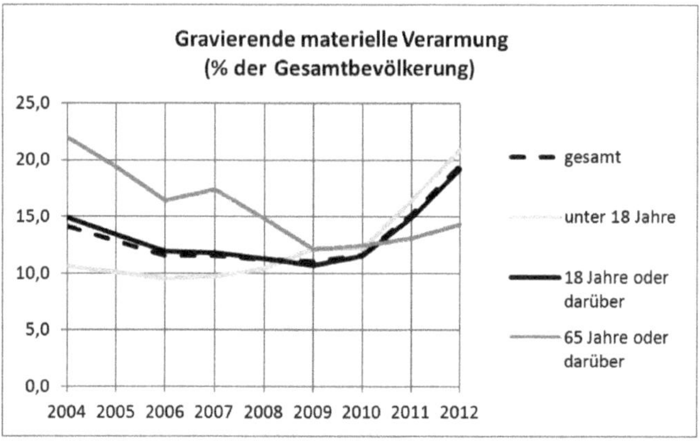
Gravierende materielle Verarmung
(% der Gesamtbevölkerung)
25,0
20,0
15,0
10,0
5,0
0,0
2004 2005 2006 2007 2008 2009 2010 2011 2012
gesamt
unter 18 Jahre
18 Jahre oder darüber
65 Jahre oder darüber

Quelle: Eurostat

Grafik 17

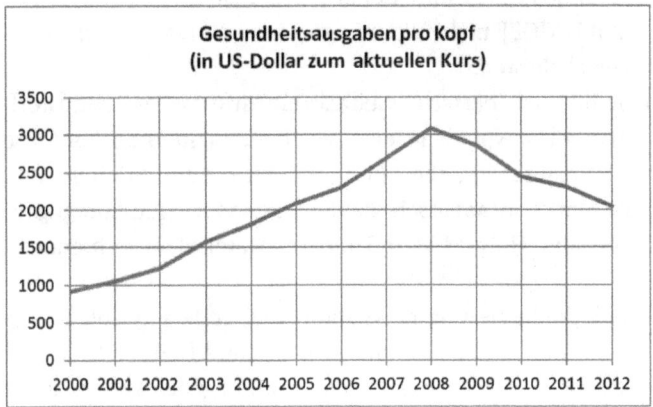

Quelle: Weltbank

Andere Informationsquellen zeichnen ein noch schlimmeres Bild:

1. Die Obdachlosigkeit ist markant gestiegen: Das Rote Kreuz spricht von einem 20- bis 20-prozentigen Anstieg der auf der Straße lebenden Menschen und hat seine Sozialprogramme ausgeweitet, um der entstehenden humanitären Krise zu begegnen.[53] Wer nicht direkt auf der Straße landet, lebt oft in überfüllten Wohnungen. Besonders junge Menschen mit sehr geringer Chance auf Beschäftigung und sinkenden Zuschüssen bleiben zu Hause wohnen und leben häufig von den Renten und Einkommen ihrer Eltern.
2. Im Gesundheitsbereich herrscht offenbar eine chronische Arzneimittelknappheit. Offiziellen Statistiken zufolge stiegen die Gesundheitsausgaben pro Kopf der Bevölkerung in den Jahren von 2000 bis 2008 auf 3000 Dollar jährlich, fielen seither jedoch auf 2000 Dollar ab.[54]
3. Vielleicht noch alarmierender ist, dass erhebliche Teile der Bevölkerung unter Nahrungsknappheit leiden und immer

mehr Menschen auf Essensausgabestellen angewiesen sind. Etwa die Hälfte der armen Haushalte mit Kindern ist laut UNICEF nicht in der Lage, eine gesunde Ernährung zu gewährleisten.[55]
4. Schließlich herrscht vielfach ein drastischer Brennstoffmangel, sowohl bei Heizöl wie bei Benzin und Diesel. Die Luftqualität in Athen und anderen großen Städten sinkt im Winter dramatisch, da die Bewohner dazu übergegangen sind, Holz, Müll und anderes Material zu verbrennen.

Eine linke Regierung muss sofort die Linderung solcher Armut in Angriff nehmen und zugleich ihre tieferen Ursachen bekämpfen. Die wirtschaftliche Erholung des Landes muss unverzüglich für praktische Maßnahmen genutzt werden, die darauf zielen, die Lebensqualität in Griechenland wiederherzustellen, wenn die Politik auf breite Unterstützung im Volk zählen will. Der Staat sollte die Initiative ergreifen, zusammen mit den Kommunen, Verbänden und internationalen nichtstaatlichen Organisationen wie dem Roten Kreuz, um die grundlegenden Bedürfnisse der griechischen Bürger zu befriedigen, darunter Wohnraum, Nahrungsmittel, Medizin und Energie.

Zum Allermindesten sollten Haushalte, denen der Strom abgestellt wurde, wieder ans Elektrizitätsnetz angeschlossen werden, die Nahrungsmittelhilfen für Menschen, die unter extremer Knappheit leiden, sollten national koordiniert werden, und Obdachlose sollten durch Errichtung von Unterkünften wieder ein Dach über den Kopf bekommen. Bei der Gesundheitsversorgung sollte der Fokus darauf liegen, die negativen Entwicklungen einer zunehmenden Kindersterblichkeit und sinkenden Lebenserwartung, die sich mit der Einführung der Sparpolitik breitgemacht haben, umzukehren. Zu diesem Zweck muss der Versicherungsschutz ausgeweitet werden, um schwache Haushalte zu schützen, mit dem Ziel, letztlich einen umfassenden Schutz einzuführen.

Ferner sollten die Ausgaben für die primäre Gesundheitsversorgung erhöht werden, mit dem zusätzlichen Nutzen, dadurch die Aufwendungen für die langfristige medizinische Versorgung zu senken.

Die Kosten einer solchen Politik für den Staat wären bescheiden, allerdings müsste, wenn sie umgesetzt werden soll, die Sparpolitik aufgegeben werden. Die wirtschaftlichen und politischen Vorzüge wären beträchtlich. Einerseits würde eine Steigerung der Wohlfahrtsausgaben das verfügbare Einkommen der Haushalte erhöhen und so die Erholung stärken. Andererseits ist die Ausweitung staatlicher Leistungen und Dienste und eine stützende Rolle des Staats ein entscheidender Schritt zur Wiederherstellung des Vertrauens in der Bevölkerung. Die Bekämpfung der Steuerhinterziehung und die sofortige Verbesserung der Versorgung mit öffentlichen Gütern müssen Hand in Hand gehen.

Dabei muss eine Linksregierung allgemein die Ursachen der Armut bekämpfen, und zwar mit drei entscheidenden Maßnahmen. Ersten muss sie, wie oben erläutert, die Arbeitslosigkeit vermindern; zweitens muss sie die Löhne erhöhen und sofort Kollektivverhandlungen auf dem Arbeitsmarkt wiederherstellen, indem sie die seit dem Rettungspakt verabschiedeten arbeitsfeindlichen Gesetze außer Kraft setzt. Der Mindestlohn sollte von gegenwärtig 586 Euro pro Monat wieder auf die ursprünglichen 751 Euro angehoben werden. Die Auswirkung solcher Maßnahmen auf die kleinen und mittleren Firmen sollten zum Teil durch Steuererleichterungen ausgeglichen werden, aber auch durch die Stärkung der Nachfrage, die durch Aufgabe der Sparpolitik erreicht wird. Die Löhne sollten sich im Allgemeinen am Produktivitätswachstum und an Überlegungen zu einer künftigen Einkommensumverteilung orientieren. Drittens muss das Rentensystem neu gewichtet werden, um die Bezieher der niedrigsten Renten zu unterstützen und der Altersarmut entgegenzuwirken. Es ist allerdings zu betonen, dass es keine langfristige Lösung für den allgemein prekären Zustand der Altersversorgung in Griechenland geben kann, ohne die Beschäftigung zu stärken. Die letzte Antwort auf die Altersarmut ist die Aufhebung der Sparpolitik und die energische Förderung des Wachstums.

5. Mittelfristige Umstrukturierung des Produktionssektors

Eine linke Regierung muss die gegenwärtige neoklassische Entwicklungsstrategie aufgeben, die von der Troika aufgezwungen wurde und im Wesentlichen aus Senkung der Löhne, Liberalisierung, Privatisierung und der Hoffnung auf einen spontanen Anstieg der inländischen Investitionen und der ausländischen Direktinvestitionen zur Ankurbelung des Wachstums besteht. Griechenland braucht eine mittelfristige Entwicklungsstrategie, die durch eine ökologisch nachhaltige Industriepolitik die Wachstumsraten nach oben treibt, die Arbeitslosigkeit verringert und die Einkommen erhöht. Die Formulierung einer solchen Strategie und ihre Umsetzung erfordern eine kollektive Anstrengung gesellschaftlicher Organisationen, von Teilen des Staatsapparats, Akademikern und zivilgesellschaftlichen Organisationen im ganzen Land. An dieser Stelle lassen sich allenfalls einige grundlegende Fragen ansprechen, die in diesem Zusammenhang von Bedeutung sind.

Die erforderliche Industriepolitik muss zuerst die langwährende Deindustrialisierung des Landes berücksichtigen, die Anfang der 1980er Jahre einsetzte und im Zuge der massiven Zerstörung industrieller Kapazitäten seit 2007 dramatische Ausmaße angenommen hat. Sie sollte außerdem das problematische Wesen der Institutionen und der Politik von EU und Währungsunion, die Griechenlands Entwicklung in die gegenwärtige Sackgasse geführt haben, ins Kalkül ziehen. Schließlich muss sie sich völlig darüber im Klaren sein, dass entscheidende Teile des Weltmarkts von multinationalen Konzernen beherrscht werden, welche die Technologie kontrollieren und über Zulieferketten gebieten.

Es wäre allerdings ein Fehler zu glauben, dass es unter den Bedingungen des globalen Finanzkapitalismus unmöglich ist, in einer mittelgroßen Volkswirtschaft wie Griechenland eine Entwicklungsstrategie umzusetzen. Die Erfahrung der letzten drei Jahrzehnte in den Entwicklungsländern zeigt, dass es durchaus gelingen kann, eine effektive Strategie für Entwicklung und Wachstum zu verfolgen, vorausgesetzt dass Staat und Privatsektor einen angemessenen Mittelweg finden. Insbesondere sollte Griechenland seine Industrie stärken, indem es die inländische Nachfrage belebt und die Umwandlung der Produktionsstruktur zugunsten handelbarer Güter betreibt. Eine solche Strategie würde unweigerlich von einer Stärkung der kleinen und mittleren Unternehmen abhängen, die das Rückgrat der griechischen Wirtschaft bilden, auf Kosten des Großkapitals. Es ist für Griechenland auch unbedingt notwendig, seine Landwirtschaft zu stärken, die in den Jahren der EU-Mitgliedschaft einen stetigen Niedergang erlebte.

Langfristig erfordert die notwendige Entwicklungsstrategie für Griechenland einen durchgreifenden Umbau des Bildungssystems. Kurzfristig dagegen bestünde die Strategie darin, sich auf ein kohärentes Programm öffentlicher Investitionen sowie ein staatliches Förderprogramm für Forschung und Entwicklung zu stützen. Eine grundlegende Voraussetzung dafür ist die Verstaatlichung des Bankensystems und die Schaffung von öffentlich-rechtlichen Entwicklungsbanken. Diese könnten zunächst als Einlageninstitute aufgebaut werden, schließlich aber würden sie, wenn ihre Kreditportfolios expandieren, Anleihen ausgeben, um eine stabile und nachhaltige Basis für die Darlehensvergabe zu schaffen. Vorrang sollten Kredite für kleine und mittlere Unternehmen in den Sektoren der handelbaren Güter erhalten, besonders jene, die das Potenzial haben, sich in die internationalen Mehrwertketten einzuklinken.

6. Demokratisierung und Umbau des Staates

Der heutige Staatsapparat und die politischen Parteien und Politiker, die Griechenland mehrere Jahrzehnte lang regiert haben, sind absolut unfähig, die notwendigen Veränderungen zu bewirken. Eine linke Regierung, die versuchen würde, das Land zu verändern, indem sie sich auf die vorhandenen Institutionen stützt, würde scheitern, und das wohl recht bald. Griechenland braucht eine tiefgreifende Reform sowohl des Staates wie seiner Politik in eine demokratische Richtung, wenn es auf einen anderen Entwicklungspfad umschwenken will.

Insbesondere der griechische Staat wurde in den letzten drei Jahrzehnten entscheidend geschwächt und hat infolge seiner zunehmenden Anlehnung an EU-Mechanismen eine Fülle von Fähigkeiten eingebüßt. Die Korruption, geprägt von den Interessen der Großunternehmen, hat zugenommen und hängt oft mit der Auftragsbeschaffung für den aufgeblähten Militärsektor zusammen. Die staatlichen Mechanismen sind immer autoritärer geworden, und die Sicherheitskräfte sind anscheinend von rechtsextremen Netzwerken unterwandert. Die staatliche Maschinerie muss gesäubert und demokratisiert werden, außerdem müssen die Fähigkeiten des Staates zur Gestaltung und Umsetzung einer wirtschaftlichen und gesellschaftlichen Reformpolitik verbessert werden.

Ein entscheidender Teil dieses Prozesses ist die Wiederherstellung von Fähigkeiten in den für die Wirtschaft zuständigen Teil des Staates, vor allem bei der Zentralbank und in den mit Wirtschaft befassten Behörden und Ministerien. Ebenso wichtig ist die Rückgewinnung von technischem Knowhow über die griechische Wirtschaft durch Wiederbelebung einer Fülle von staatlich unterstützten Instituten, die in den letzten Jahrzehnten eingegangen sind. Noch wichtiger ist die Modernisierung des Justizsystems, um in den staatlichen Institutionen Untätigkeit und Verzögerungen, Korruption und die Unfähigkeit zur Durchsetzung von Recht und Gesetz auf vielfältigen Gebieten zu beheben, darunter die Eintreibung von Geschäfts- und anderen Schulden.

Um diese Veränderungen zu bewirken, haben poltische Reformen Priorität, denn das politische System des Landes hat vor und während der Krise gründlich versagt. Griechenland braucht neue, auf Bürgerbeteiligung angelegte politische Mechanismen, die dem Prinzip der Verantwortlichkeit folgen und nicht korrumpierbar sind. Es braucht außerdem eine neue politische Ordnung, zu der Änderungen bei den Institutionen politischer Repräsentation gehören, Verfassungsänderungen und, zu guter Letzt, eine echte Trennung von Staat und Kirche. Schließlich müssen direkte Maßnahmen gegen die Nester des rechtsextremen Autoritarismus und sogar Faschismus in den Sicherheitskräften ergriffen werden.

XII. Ein Hoffungsschimmer für Griechenland und Europa

Die griechische Krise hatte derart verheerende Auswirkungen auf Wirtschaft und Gesellschaft, dass sie die griechische Politik völlig durcheinandergewirbelt hat. Es ist wahrscheinlich, dass es in naher Zukunft, vielleicht schon 2015, zur Bildung einer linken Regierung unter Führung der Oppositionspartei SYRIZA kommt. Für Griechenland wäre das ein folgenreiches Ereignis, und für Europa könnte sich das als Wendepunkt erweisen.

Das offiziell verkündete Parteiprogramm von SYRIZA ruht auf zwei Säulen. Erstens strebt die Partei einen bedeutenden Schuldenschnitt zur Reduzierung der griechischen Staatsverschuldung an, wenngleich auf einvernehmlicher Grundlage. Zweitens verspricht sie eine Beendigung der Sparpolitik mit ausgeglichenen Haushalten, statt nach den vom gegenwärtigen Anpassungsprogramm vorgesehenen Überschüssen zu streben. Die Lockerung der Fiskalpolitik wird eine ganze Reihe von Maßnahmen zur Linderung der schlimmsten Krisenfolgen möglich machen, wie etwa Familien wieder an die Elektrizitätsversorgung anzuschließen, Nahrungsmittelhilfe zu leisten und Unterkünfte für die Obdachlosen zu schaffen. Außerdem werden dadurch Sofortmaßnahmen möglich, um die Arbeitslosigkeit durch öffentliche Programme zu vermindern, von der Art, wie sie im vorangehenden Kapitel erörtert wurden. SYRIZA hat sich auch eine Anhebung des Mindestlohns auf die Fahnen geschrieben, die Partei will die enorme Steuerlast senken und die öffentlichen Investitionen ankurbeln, um das Wachstum der Wirtschaft zu beschleunigen.

An dieser Politik ist nichts Radikales oder gar Revolutionäres. Sie stellt lediglich das Minimum dessen dar, was getan werden kann und sollte, um den furchtbaren Zustand Griechenlands zu bessern und anderen europäischen Ländern einen neuen Weg zu öffnen. Dabei hat SYRIZA wiederholt die Absicht bekundet, in der Europäischen Wirtschafts- und Währungsunion zu bleiben und einseitige Maßnahmen in der Frage der Staatsschulden zu vermeiden. Es besteht kaum ein Zweifel, dass die Parteiführung aus überzeugten Europäern besteht, die aufrichtig glauben, dass sich die EU von innen heraus reformieren lässt.

Das Problem ist natürlich, dass die EU und die Währungsunion alles andere als empfänglich für die Ideen von SYRIZA sind. Wie in früheren Kapiteln dieses Buchs erläutert, haben Deutschlands Exporteure und Banken beträchtlich vom Euro profitiert und keinen Anreiz, die Sparpolitik aufzugeben. Zudem dürften Berlin 2015 und darüber hinaus die hartnäckigen Probleme der Eurozone als Ganzes Sorgen bereiten, insbe-sondere die Schwierigkeiten Frankreichs und Italiens. Das Letzte, was Deutschland begrüßen würde, wäre SYRIZA und ihr Programm.

SYRIZA glaubt offenbar, dass sie einen tiefgreifenden Schuldenschnitt und eine Umkehr der Sparpolitik erreichen und dabei gleichzeitig in der Währungsunion bleiben kann, vorausgesetzt, dass sie »hart« verhandelt. Mit anderen Worten, die Partei setzt ihre Hoffnung auf nichts anderes als die »unmögliche Triade«. Ihr augenscheinliches Ziel in der Frage der griechischen Staatsschulden ist es, eine große europäische Konferenz abzuhalten, die sich mit der Verschuldung in ganz Europa befasst und den Peripherieländern große Erleichterungen anbietet, ähnlich wie das Londoner Schuldenabkommen von 1953, das dem deutschen Staat einen hohen Schuldenerlass einbrachte. SYRIZA hegt die Hoffnung, dass

Griechenland ein beträchtlicher Teil der Schulden erlassen, eine Schonfrist bei den Zinszahlungen eingeräumt und vielleicht die Ersetzung eines Großteils der verbleibenden Schulden durch BIP-indexierte Anleihen erlaubt wird, die an die Wachstumsraten der Wirtschaft gebunden sind (sogenannte Bisque-Bonds).

Die Aussicht, eine solche Schuldenvereinbarung auf einvernehmliche Weise zu erreichen, erscheint wenig realistisch. Die wahrscheinlichste Form einer Entschuldung wäre wohl eine Senkung der Zinsen und eine Verlängerung der Fälligkeiten, eventuell einschließlich Gewährung einer tilgungsfreien Schonfrist beim Schuldendienst. Es ist auch denkbar, dass ein kleiner Schuldenschnitt auf die Hauptschuld gewährt wird, als Geste des guten Willens. Solche Maßnahmen jedoch dürften kaum eine nachhaltige Wirkung auf die Wirtschaft haben. Griechenland braucht einen tiefgreifenden Schuldenerlass, der sich wahrscheinlich auf Hunderte von Milliarden Euro belaufen müsste. Sicherlich wären eine Schonfrist beim Schuldendienst und erleichterte Rückzahlungsbedingungen einschließlich einer Wachstums- und Beschäftigungsklausel willkommen, aber sie dürften kaum den grundlegenden makroökonomischen Ausblick ändern.

Solange kein politisches Wunder geschieht, ist es äußerst unwahrscheinlich, dass die EU eine Entschuldung anbietet, die von einer Lockerung der Konditionalität mit Aufhebung der Sparpolitik, einer Verminderung des Drucks auf die Löhne und der Beendigung der Privatisierungen und Deregulierung begleitet würde. Im Gegenteil, die EU wird wahrscheinlich auf eine Fortführung der Politik der Haushaltsstrenge und Defizitvermeidung bestehen, die nun formell in ihre Struktur eingebettet ist und Überwachung und Strafen für Defizit-»Sünder« vorsieht. Tatsächlich dürften jegliche EU-Konzessionen bei den griechischen Staatsschulden von zusätzlichen Ausgleichsregelungen zur Fiskalpolitik, Deregulierung und Privatisierung begleitet sein. Andernfalls wäre es sehr schwierig für die Politiker der Kernländer, ihre Wähler von der Notwendigkeit von Erleichterungen für Griechenland zu überzeugen und Griechenland gleichzeitig in der Währungsunion zu halten. Selbst wenn daher einer linken Regierung ein kleiner Schuldendispens innerhalb der Grenzen der Währungsunion gewährt würde, so würde sie sicherlich nicht die Zustimmung der EU erhalten, ihre Fiskalpolitik drastisch zu ändern.

Die »unmögliche Triade« lässt sich von einer Linksregierung in Griechenland nicht umgehen, selbst wenn sie die europafreundlichsten Absichten hätte und wahrlich moderate Ziele verfolgte. Tatsächlich muss eine linke Regierung in Griechenland mit unerbittlicher Feindseligkeit der EU rechnen, der es nicht an Sanktionen mangelt. Das SYRIZA-Programm mag bescheiden sein, aber ihm fehlt eine sichere Finanzierung. Die Partei beabsichtigt, zumindest die Hälfte der Mittel zu erlangen, die es ihr erlauben würden, die Fiskalpolitik zu lockern, indem sie die Steuerhinterziehung eindämmt und Steuerschulden eintreibt. Das ist, gelinde gesagt, recht optimistisch. Griechenland braucht auch 2015 beträchtliche Mittel, um seinen Schuldendienst zu leisten, wie bereits im vorangehenden Kapitel erläutert. Und, unnötig zu erwähnen, das den griechischen Banken schnell die Luft ausginge, wenn die EZB sie nicht mehr mit Liquidität versorgen würde. Die EU wird eine linke Regierung wohl mit einem Ultimatum zur Aufgabe ihrer Politik drängen, vielleicht, indem sie eine leicht verwässerte Version der Sparpolitik akzeptiert. Die Drohung, aus der Währungsunion gedrängt zu werden, dürfte auf den Tisch kommen.

Es wäre natürlich denkbar, dass die Kosten eines Konflikts und möglichen Austritts eines Peripherielands aus der Währungsunion der EU zu groß erscheinen, weil damit ernste wirtschaftliche und politische Folgen für die Währungsunion insgesamt verbunden wären. Folglich könnte man sich vorstellen, dass eine linke Regierung ein gutes Druckmittel in der Hand hielte, mit dem es die EU zwingen könnte, einen Schuldenerlass und eine Beendigung der Sparpolitik bei gleichzeitigem Verbleib des Landes in der Währungsunion zu akzeptieren. Es gibt Kräfte in der griechischen Linken, darunter auch SYRIZA, die einer solchen Auffassung nahestehen. Das steckt vielleicht hinter der eher inkohärenten Ankündigung von SYRIZA, »hart« verhandeln zu wollen.

Leider wäre diese Haltung konfus und gefährlich. Die EU hat im Fall Zyperns 2013 deutlich gezeigt, dass sie bereit ist, einen Austritt in Erwägung zu ziehen – tatsächlich war sie bereit, Zypern aus der Währungsunion zu drängen. Es gibt eine Fülle von Beweisen, dass die EU 2010 bis 2012 auch ernsthaft überlegte, einen Austritt Griechenlands zu erzwingen. Es wäre töricht von einer Linksregierung, zu glauben, dass die EU in der Frage der Schulden und Sparpolitik nur blufft. Die wirtschaftlichen Kosten eines Bruchs durch den Austritt eines Peripherielands wären für die EU tatsächlich beträchtlich, aber sie würden, verglichen mit den Kosten, die es mit sich brächte, einen drastischen Schuldenschnitt Griechenlands und die Aufgabe seiner Sparpolitik hinzunehmen, während das Land gleichzeitig in der Währungsunion bleibt, zur Bedeutungslosigkeit verblassen. Die gegenwärtige politische und wirtschaftliche Hierarchie in der EU ist nicht drauf und dran, Selbstmord zu begehen, und folglich wird sie sich unnachgiebig gegen ein radikales Programm in einem kleinen Peripherieland stemmen. Wenn eine linke Regierung versuchen wollte zu bluffen, würde sie damit rasch scheitern.

Eine SYRIZA-Regierung dürfte ihre Illusionen rasch verlieren. Wenn sie versucht, ihr Programm umzusetzen, wird sie eine schwere Konfrontation mit der EU heraufbeschwören, die auch die Aussicht auf einen Austritt aus der Währungsunion eröffnet. Das Ergebnis eines solchen Konflikts lässt sich nicht mit Sicherheit voraussagen, und gerade darin liegt die Hoffnung sowohl für Griechenland als auch für Europa.

Die Feindseligkeit des EU-Establishments und die Existenz einer dysfunktionalen und scheiternden Währungsunion sollten von einer Regierung der Linken, die zuallererst die Interessen der arbeitenden Bevölkerung im Sinn hat, nicht als unüberwindliche Restriktionen betrachtet werden. SYRIZA sollte auf einen Konflikt vorbereitet sein, indem die Partei ihre Stärke im Inland mobilisiert und zugleich auf internationale Solidarität setzt. Die Aussicht auf einen Austritt aus der Währungsunion ist weder furchteinflößend noch unbeherrschbar, wie oben gezeigt. Es besteht allgemein eine tiefe und drängende Notwendigkeit für Wandel in ganz Europa, um es von den Ketten des Euro zu befreien. Diejenigen, die die ersten entscheidenden Schritte in diese Richtung unternehmen, könnten ihre eigenen Gesellschaften vor dem Niedergang retten und zugleich helfen, Europa auf einen anderen Weg der wirtschaftlichen und gesellschaftlichen Entwicklung zu führen.

Nachwort
Eine Gelegenheit für Europa

Alberto Garzón Espinosa, Abgeordneter der Vereinigten Linken (Izquierda Unida) im spanischen Unterhaus

Eine Zeitlang war Europa für Länder in Südeuropa wie Spanien, Portugal und Griechenland ein Synonym für Fortschritt. Sie alle hatten unter skrupellosen Regimes gelitten und blickten mit Hoffnung gen Norden. Werte wie Demokratie, Modernisierung, soziale und bürgerliche Recht, das alles sollte möglich sein, wenn der Süden dem Norden beitrat, um eine größere Europäische Union zu bilden.

Heute ist die Situation anders, und die Länder im Süden leiden unter den Folgen der Krise und der neoliberalen Maßnahmen, die in ihrem Gefolge durchgesetzt wurden. Sparmaßnahmen und Abbau der Staatsschulden sind die Mechanismen, die benutzt werden, um die sozialen Errungenschaften zu zerstören, die sich die Arbeiterklasse in Jahren des Kampfes erstritten hat. Die Verfassungen dieser Länder werden ihres Inhalts und ihrer positiven Garantien wie des Rechts auf Arbeit oder des Rechts auf eine Wohnung beraubt. In ganz Europa vollzieht sich ein breiter Prozess der Regression, und er trifft den Süden mit besonderer Wucht.

Aber es ist nicht nur die Krise; wir haben es auch mit einem Wählerprozess zu tun. Die gegenwärtige Europäische Union und ihre Architektur wurden von einer Handvoll Bürokraten entworfen, die mit allen Mitteln jede mögliche Alternative zum Neoliberalismus verbauen wollten. Sie ist ein Projekt, das auf der liberalen politischen Tradition fußt, der die Angst vor dem Volk und der vollen Ausübung der Volkssouveränität zugrunde liegt, und es hat die Durchsetzung des neoliberalen Projekts der Zivilisation möglich gemacht. Es geht nicht nur um Wirtschaft, es geht um einen ganzen Lebensstil.

Wir können den Neoliberalismus jedoch nicht nur als ideologisches Phänomen betrachten. Es ist nicht möglich, die neoliberale Hegemonie in der Sphäre der Ideen allein zu bekämpfen. Tatsächlich erleben wir eine Neuorganisation der sozialen Klassen sowohl innerhalb der Volkswirtschaften wie in der globalen politischen Ökonomie. Das neoliberale Projekt zielt auf Verwirklichung einer Konterrevolution, mit der die sozialen und ökonomischen Errungenschaften, die in den Nachkriegsjahren erreicht wurden, abgeschafft werden sollen. So benutzt das neoliberale Projekt den gegenwärtigen institutionellen Rahmen, die Europäische Union, und passt zugleich nationale Institutionen seinen Plänen an, um seine Ziele zu durchzusetzen. Es gibt gute Beispiele für diese strukturellen Reformen und andere wichtige Veränderungen der Institutionen, wie zum Beispiel Verfassungsreformen, die den Ländern aufgezwungen wurden.

Die Wahrheit ist, dass uns die gegenwärtige Krise das wahre Gesicht des neoliberalen Projekts vor Augen geführt hat. Die gegenwärtige Europäische Union ist keine Artikulation der Volkswirtschaften oder ein Projekt, das auf einem sozialen Konstrukt basiert, sondern ein vom europäischen Großkapital entworfenes Gesellschaftsspiel, um seine Position in der globalen Wirtschaft zu verbessern. Bei der Errichtung der Europäischen Union spielte besonders das Finanzkapital eine Hauptrolle und setzte erfolgreich ein starres Zwangskorsett durch, dass jede progressive Politik vereitelt. »Es gibt keine Alternative zum Neoliberalismus«, das ist der politische Leitspruch des Finanzkapitals.

In diesem Kontext und mit einem völlig erschöpften Akkumulationsregime in den südlichen Ländern haben die europäischen Institutionen und neoliberalen Regierungen ihre auf Abbau und Zerstörung öffentlicher Dienste und sozialer

Rechte zielende Wirtschaftspolitik beschleunigt. Sie konsolidieren auf diese Weise ein radikal regressives Gesellschaftsmodell, das durch einen Mangel an Arbeitsplatzsicherheit und ein Anwachsen der sozialen Ungleichheit gekennzeichnet ist. Das bedeutet eine tiefgreifende Neuorganisation der sozialen Klassen, die die soziale Struktur der verschiedenen Länder völlig umkrempeln wird.

Offensichtlich ist das Hauptziel der Troika nicht die Verarmung der Bevölkerung per se, sondern eine Neugestaltung der Rentabilitätsbereiche. Aber diese neuen Bereiche sind nur mögliche, wenn die Regierungen eine Reihe von Anpassungsprogrammen durchführen. Diese Programme drängen periphere Volkswirtschaften zur Übernahme neuer Modelle wirtschaftlichen Wachstums und gesellschaftlicher Organisation. Die Zerstörung der sozialen Errungenschaften ist ein notwendiges Erfordernis zur Durchsetzung des neoliberalen Projekts, weil diese Rechte heute mehr denn je Hindernisse für Kapitalerträge darstellen. Dieser Pfad hat den Süden jedoch längst in eine neue Wirtschaftsdepression geführt, mit hohen Arbeitslosenraten, wachsender sozialer Ausgrenzung und anderen typischen Merkmalen kapitalistischer Krise, denen wir noch die neue, auf Repression und Autoritarismus gründende Gesellschaftsordnung hinzufügen müssen, deren Aufstieg wir heute erleben.

So, wie oben beschrieben, sieht ihr Projekt aus, das der Finanzelite. Doch es gibt Aussicht auf Besserung, wir haben ein alternatives Projekt. Heute regt sich allenthalben in Europa ein hoffnungsvoller Geist. Wir wissen, dass es für die Arbeiterklasse in der Europäischen Union, wie sie gegenwärtig ist keinen Ausweg gibt. Doch eine andere politische und wirtschaftliche Integration ist nicht nur möglich, sondern notwendig: eine republikanische und sozialistische Integration, die soziale Errungenschaften und Menschenrechte bewahrt und mit der Demokratisierung der Wirtschaft beginnt. Uns ist bewusst, dass wir viel Mut, Überzeugungskraft und Solidarität brauchen, um dahinzugelangen, aber wir wissen auch, dass uns nicht technische Probleme im Weg stehen, sondern mangelnder politischer Wille. Joan Robinson hat einmal gesagt, dass »der Zweck eines Ökonomiestudiums nicht darin besteht, eine Reihe fertiger Antworten auf wirtschaftliche Fragen zu erhalten, sondern zu lernen, sich nicht von Ökonomen in die Irre führen zu lassen«. Heute gibt es ein Heer schlechter Ökonomen, die im Interesse einer kleinen Minderheit eine schlechte Wirtschaftspolitik vorschlagen. Vielleich war es niemals wichtiger, andere Ansätze anzubieten.

Bibliografie

Antonopoulos, Rania, 2014, »Responding to the Unemployment Challenge. A Job Guarantee Proposal for Greece«, April, Levy Economics Institute, Annandale on Hudson, New York, unter: http://www.levyinstitute.org/pubs/rpr_apr_14.pdf

Artavanis, Nikolaos, Morse, Adair, und Tsoutsoura, Margarita, 2012, »Tax Evasion across Industries. Soft Credit Evidence from Greece«, unter: http://www.chicagobooth.edu/blogs/informingreform/docs/taxevasion.pdf

Baldwin, Richard E. und Wyplosz, Charles, 2004, *The Economics of European Integration*, Berkshire/London

Bank of Greece, 2012, »Report on the Recapitalisation and Restructuring of the Greek Banking System«, Athens, unter: http://www.bankofgreece.gr/BogEkdoseis/Report_on_the_recapitalisation_and_restructuring.pdf

Bayer, Nikolaus, 2002, *Wurzeln der Europäischen Union: Visionäre Realpolitik bei Gründung der Montanunion*, St. Ingbert

Berens, Alexander, 2002, *Der Weg der Europäischen Wirtschaftsgemeinschaft zur Politik des leeren Stuhls und zum Luxemburger Kompromiss*, unveröffentlichte Dissertation, Universität von Düsseldorf

Blanchard, Olivier, und Wyplosz, Charles, 2004, »Deux thèses hétérodoxes sur l'économie Européenne«, *En Temps Réel*, Heft 14/15, Juni, unter:
http://entempsreel.com/deux-theses-heterodoxes-sur-leconomie-Europeenne

Blanchard, Olivier, 2007, »Adjustment within the Euro. The Difficult Case of Portugal«, *Portuguese Economic Journal*, 6 (1), S. 1–21

Böwer, Uwe, Michou, Vasiliki, und Ungerer, Christoph, 2014, »The Puzzle of the Missing Greek Exports«, 2014, European Commission, Economic Papers 518, unter: http://ec.Europa.eu/economy_finance/publications/economic_paper/2014/pdf/ecp518_en.pdf

Brasche, Ulrich, 2003, *Europäische Integration. Wirtschaft, Erweiterung und regionale Effekte*, München

Davidson, Paul, 2013, »Unsicherheit und staatliche Sparpolitik«, in: Flassbeck, Heiner, et al., *Handelt jetzt! Das globale Manifest zur Rettung der Wirtschaft*, Frankfurt am Main

Dechamps, Étienne, 2007a, »The Council of Europe«, European Navigator, unter: http://www.ena.lu

Dechamps, Étienne, 2007b, »The Customs Union Projects«, European Navigator, unter: http://www.ena.lu

Deutsche Bundesbank, 2007, *Monthly Report*, April, unter: http://www.bundesbank.de/volkswirtschaft/vo_monatsbericht_2007.php

Deutsche Bundesbank, 1997, *Europäische Organisationen und Gremien im Bereich von Währung und Wirtschaft*, Frankfurt am Main

European Central Bank, *Monthly Report*, January 2013

European Commission, 2013a, »Commission Staff Working Document. Refining the MIR Scoreboard«, Brüssel, unter: http://ec.europa.eu/europe2020/pdf/2014/mipsb2014_swd_en.pdf

European Commission, 2013b, »European Economy. Macroeconomic Imbalances, France 2013«, Occasional Papers 136, Brüssel, unter: http://ec.europa.eu/economy_finance/publications/occasional_paper/2013/pdf/ocp136_en.pdf

European Commission, 2014a, »European Economy. Macroeconomic Imbalances, Germany 2014«, Occasional Papers 174, Brüssel, unter: http://ec.europa.eu/economy_finance/publications/occasional_paper/2014/pdf/ocp174_en.pdf

European Commission, 2014b, »Greece. Recovery Signs Strengthening«, Brüssel, unter: http://ec.Europa.eu/economy_finance/eu/forecasts/2014_spring/el_en.pdf

European Union, 2007, »The History of the European Union«, unter: http://Europa.eu/abc/history/index_en.htm

Flassbeck, Heiner, 1988, *Preise, Zins und Wechselkurs – Zur Theorie der offenen Volkswirtschaft bei flexiblen Wechselkursen*, Wirtschaftswissenschaftliche und wirtschaftsrechtliche Untersuchungen des Walter Eucken Instituts (23), Tübingen

Flassbeck, Heiner, 1997, »Und die Spielregeln für die Lohnpolitik in einer Währungsunion?« *Frankfurter Rundschau*, 31. Oktober 199, S.12

Flassbeck, Heiner, und Spiecker, Friederike, 2000, *Löhne und Arbeitslosigkeit im internationalen Vergleich*, Studie für die Hans-Böckler-Stiftung und den Bundesvorstand des DGB, unter: http://www.flassbeck.de/pdf/2000/LoehneundArbeit.pdf

Flassbeck, Heiner, und Spiecker, Friederike, 2005, »Die deutsche Lohnpolitik sprengt die Europäische Währungsunion«, *WSI-Mitteilungen*, 58 (12), S. 707–713

Flassbeck, Heiner, et al., 2013, *Handelt jetzt! Das globale Manifest zur Rettung der Wirtschaft*, Frankfurt am Main

Flassbeck, H. und Lapavitsas, Costas, 2013, »The Systemic Crisis of the Euro. True Causes and Effective Therapies«, Rosa Luxemburg Stiftung Studien, unter:, http://www.Rosalux.de/fileadmin/rls_uploads/pdfs/Studien/Studien_The_systemic_crisis_web.pdf

Gabrisch, Hubert, und Karsten Staehr, März 2014, »The Euro Plus Pact. Cost Competitiveness and External Capital Flows in the EU Countries«, European Central Bank, Working Paper Series Nr. 1650, Frankfurt am Main

Geddes, Linda, 2012, »Greece in Crisis. Saving a Nation«, *New Scientist*, Bd. 214, Heft 2866, 26. Mai, S. 6 ff.

Gros, Daniel, und Thygesen, Niels, 1998, *European Monetary Integration*, 2. Aufl., Harlow/Essex.

Harbrecht, Wolfgang, 1984, *Die Europäische Gemeinschaft*, 2. Aufl., Stuttgart

Hellenic Financial Stability Fund, *Annual Report 2013*, unter: http://www.hfsf.gr/files/hfsf_annual_report_2013_en.pdf

Holtfrerich, 2007, »Post-1945 Western European Integration. The Foster Child of Vision, Crisis and Persistent Search for Compromise«, unveröffentlichte Studie für UNCTAD

IMF,1995, *World Economic Outlook*, Washington, DC

IMF, 2013, »Greece. Selected Issues«, IMF Country Report Nr. 13/155, unter: http://www.imf.org/external/pubs/ft/scr/2013/cr13155.pdf

International Federation of Red Cross and Red Crescent Societies, 2013, »The ›Quiet Desperation‹ of Homeless People in Greece«, unter: https://www.ifrc.org/en/news-and-media/news-stories/Europe-central-asia/greece/the-quiet-desperation-of-homeless-people-in-greece-60635/

Issing, Otmar, et al., 2006, »Are German Workers Killing Europe?«, *International Economy*, 20 (3), S. 37–45

Kalecki, Michal, 1944, »Three Ways to Full Employment«, in: *Collected Works of Michal Kalecki*, Bd. I, Oxford

Kentikelenis, Alexander E. et al., 2011, »Health Effects of a Financial Crisis: Omens of a Greek Tragedy«, *The Lancet* 387 : 9801, S. 1457–1458

Keynes, John Maynard, 1929, »The German Transfer Problem«, *Economic Journal*, 39, S. 1–7

Keynes, John Maynard, 1931, *Vom Gelde*, Berlin.

Keynes, John Maynard, 2009, *Allgemeine Theorie der Beschäftigung, des Zinses und des Geldes*, 11. ern. verb. Aufl., Berlin

Koo, Richard, 2008, *The Holy Grail of Macroeconomics. Lessons from Japan's Great Recession*, Singapore

Krugman, Paul, 1991, »Has the Adjustment Process Worked?«, *Policy Analyses in International Economics* 34, Institute for International Economics

Krugman, Paul, 1992, »Exchange Rates and the Balance of Payments«, in: *Currency and Crises*, Cambridge

Krugman, Paul, 1998, »What happened to Asia?«, Konferenzvortrag in Japan, unter: http://web.mit.edu/krugman/www/DISINTER.html

Krugman, Paul, 2013a, »Fallacies of Immaculate Causation«, *New York Times*, 16. Oktober, unter: http://krugman.blogs.nytimes.com/2013/10/16/fallacies-of-immaculate-causation/?_r=2

Krugman, Paul, 2013b, »More Notes on Germany«, *New York Times*, 1. November, unter: http://krugman.blogs.nytimes.com/2013/11/01/more-notes-on-germany/

Lapavitsas, Costas, 2013, *Profiting without Producing. How Finance Exploits Us All*, London/New York

Lapavitsas, Costas, et al., 2012, *Crisis in the Eurozone*, London/New York

Lapavitsas, Costas, und Munevar, Daniel, 2014, »Greece Needs a Deep Debt Write Off«, Occasional Policy Paper #10, Research on Money and Finance, unter: http://www.researchonmoneyandfinance.org/images/occasional_policy_papers/RMF-OPP-10-Lapavitsas-Munevar.pdf

McKinnon, Ronald, 2012, *The Unloved Dollar Standard. From Bretton Woods to the Rise of China*, Oxford

Merkel, Angela, 2013, Rede vor dem Weltwirtschaftsforum in Davos, unter: http://www.bundeskanzlerin.de/Content/EN/Reden/2013/2013-01-24-merkel-davos.html

Melitz, Jacques, 1987, »Monetary Discipline, Germany, and the European Monetary System«, IMF Working Paper Nr. 87/6

Milward, Alan S., 2003, *The Reconstruction of Western Europe, 1945–51*, Berkeley

Milward, Alan S. und Sorensen, Vibeke, 1993, »Interdependence or Integration? A National Choice«, in: Milward, A.S., et al., (Hg.), *The Frontier of National Sovereignty. History and Theory 1945–1992*, London/New York

Milward, Alan S., 2002, *The Rise and Fall of a National Strategy 1945–1963*, London

Ministry of Finance of Greece, 2014, »State Budget Execution Monthly Bulletin, December 2013«, Athens, unter: http://www.minfin.gr/content-api/f/binaryChannel/minfin/datastore/c8/c2/4e/c8c24ef3e8c5b5690cb8bc61c944cfced5145b0a/application/pdf/Bulletin_12_2013.pdf

Monnet, Jean, 1978, *Erinnerungen eines Europäers*, München

Neuss, Beate, 2000, *Geburtshelfer Europas? Die Rolle der Vereinigten Staaten im Europäischen Integrationsprozess 1945–1958*, Baden-Baden

O'Neill, Jim, und Terzi, Alessio, 2014, »Changing Trade Patterns, Unchanging European and Global Governance«, Bruegel Working Paper 2014/02, unter http://www.bruegel.org/publications/publication-detail/publication/817-changing-trade-patterns-unchanging-European-and-global-governance/

Obstfeld, Maurice, und Rogoff, Kenneth, 1996, *Foundations of International Macroeconomics*, Cambridge, MA

OECD, 1994, *The OECD Jobs Study*, Paris

OECD, 2014, *How Is Life in Greece*, OECD Better Life Initiative, unter: http://www.oecd.org/statistics/BLI%202014%20Greece%20country%20report.pdf

Politaki, Alex, »Greece is Facing a Humanitarian Crisis«, The Guardian, 11. Februar 2013, unter: http://www.theguardian.com/commentisfree/2013/feb/11/greece-humanitarian-crisis-eu

Potthoff, Heinz, 1965, *Die Montanunion in der Europäischen Gemeinschaft. Eine Zwischenbilanz*, Hannover

Rieger, Elmar, 1996, »Agrarpolitik. Integration durch Gemeinschaftspolitik?« in: Jachtenfuchs, M. und Kohler-Koch, B., (Hg.), *Europäische Integration*, Opladen

Rogoff, Kenneth, 1996, »The Purchasing Power Parity Puzzle«, *Journal of Economic Literature* XXXIV, Juni, S. 647–668

Ros, Jamie, 2000, *Development Theory and the Economics of Growth*, Ann Arbor, MI

Schäuble, Wolfgang., 2011, »Why Austerity Is the Only Cure for the Eurozone«, *Financial Times*, 5. September 2011

Schumpeter, Joseph A., 1912, *Theorie der wirtschaftlichen Entwicklung*, Leipzig

Schumpeter, Joseph A., 1954, *History of Economic Analysis*, Oxford

Thiel, Elke, 1998, *Die Europäische Union. Von der Integration der Märkte zu gemeinsamen Politiken*, Opladen

UNCTAD, *Trade and Development Report*, New York/Genf UNICEF, 2014, »Report. The Condition of Children in Greece«, Greek National Committee, Athens, unter: http://www.unicef.gr/uploads/filemanager/PDF/2014/children-in-greece-2014.pdf

Stand: 10. April 2013

Anmerkungen

1. Mehrere Teile dieses Buchs greifen zurück auf Flassbeck und Lapavitsas 2013 und Lapavitsas 2014.
2. Für eine Analyse der Ursachen der Krise der Eurozone und die Bandbreite der verfügbaren politischen Optionen bei ihrem Ausbruch vgl. Lapavitsas et al. 2012. Für eine weitere Erörterung der Krisenursachen, eine Untersuchung der von der EU eingeschlagenen katastrophalen Politik und die langsame Verschiebung der Krise hin zum Kern der Eurozone vgl. Flassbeck und Lapavitsas 2013.
3. Vgl. Flassbeck und Lapavitsas 2013.
4. Vgl. UNCTAD, TDR 2010.
5. Dennoch stützt sich ein Großteil der wissenschaftlichen Literatur immer noch in der einen oder anderen Weise auf die Theorie optimaler Währungsräume oder auf das sogenannte »währungspolitische Trilemma« offener Ökonomien, das heißt ihre Unfähigkeit, gleichzeitig Wechselkursstabilität, freien Kapitalfluss und währungspolitische Autonomie zu erreichen. In einem System flottierender Wechselkurse ist das Trilemma ein Dilemma, vgl. Flassbeck 2010.
6. Lohnstückkosten definiert als Bruttoeinkommen pro Kopf der abhängig Beschäftigten in ECU/Euro geteilt durch das reale Bruttoinlandprodukt aller Beschäftigten
7. Europäische Wirtschafts- und Währungsunion, zwölf Länder: Belgien, Deutschland, Finnland, Frankreich, Griechenland, Irland, Italien, Luxemburg, Niederlande, Österreich, Portugal, Spanien
   Quelle: AMECO-Datenbank (per Nov. 12); eigene Berechnungen

8. Vgl. Flassbeck 2001.
9. Definiert als die gesamte nominale Bezahlung abhängig Beschäftigter, geteilt durch die Arbeitsstunden der abhängig Beschäftigten, mal die Anzahl der abhängig Beschäftigten
10. Definiert als das nominale BIP, geteilt durch die Arbeitsstunden der gesamten beschäftigten Personen, mal die Anzahl der beschäftigten Personen

    Die Zahlen der Arbeitsstunden aller Beschäftigten und der abhängig Beschäftigten für 2012 sind Prognosen auf der Basis von Destatis- und AMECO-Daten

    Quelle: AMECO-Datenbank (per Nov. 12); Eurostat; eigene Berechnungen
11. Die »Doktrin« wurde etwa unzweideutig in OECD 1994 ausgebreitet.
12. Spiecker und Flassbeck 2005, S. 11; Flassbeck 1997.
13. Lohnstückkosten definiert als Bruttoeinkommen pro Kopf der abhängig Beschäftigten in ECU/Euro, geteilt durch das reale BIP aller Beschäftigten

    Quelle: AMECO-Datenbank; eigene Berechnungen
14. Europäische Wirtschafts- und Währungsunion, zwölf Länder: Belgien, Deutschland, Finnland, Frankreich, Griechenland, Irland, Italien, Luxemburg, Niederlande,

Österreich, Portugal, Spanien
15. Vgl. Lapavitsas et al. 2012, Teil I.
16. Vgl. zum Beispiel Gabrisch und Staehr 2014.
17. Gabrisch und Staehr 2014. S. 22.
18. Vergleich besonders das berühmte Kapitel 19 von Keynes 2009.
19. Für eine weitgehende Analyse dieses Punktes siehe UNCTAD, TDR 2012, und Flassbeck 2013.
20. Siehe Koo 2008.
21. Vgl. Europäische Kommission 2013a.
22. Vgl. Europäische Kommission 2013b.
23. Vgl. Europäische Kommission 2014a.
24. Vgl. ebd., S. 93.
25. Vgl. Merkel 2013 und Schäuble 2011.
26. Vgl. Krugman 2013a.
27. Vgl. Krugman 2013b.
28. Krugman 1992, S. 5.

29. Vgl. Schäuble 2011.
30. Vgl. Keynes 2009, S. 177.
31. Keynes 1931, S. 129.
32. Vgl. Schäuble 2011.
33. Alle Zahlen sind von den Autoren aus Daten berechnet, die das griechische Statistikamt auf seinem Portal bereitstellt, siehe http://statistics.gr/portal/page/portal/ESYE.
34. Vor allem Journalisten trugen zur Aufdeckung dieser Zustände bei, vgl. Geddes 2012 und Politaki 2013.
35. Wenn auch ihre Erklärung dafür, es mangele an »institutionellenVeränderungen«, sowohl in analytischer als auch in ökonomischer Hinsicht schwach ist; vgl. Böwer, Michou und Ungerer 2014.
36. Vgl. O'Neill und Terzi 2014, die feststellen, dass EU-Länder, besonders diejenigen in der Währungsunion, immer weniger Handel untereinander treiben, während sie ihre Exportabhängigkeit von anderen Märkten steigern.
37. Für eine weitergehenden Analyse der Finanzialisierung Vgl. Lapavitsas 2013.
38. Der Schuldendienst umfasst Rück- und Zinszahlungen, vgl. Ministry of Finance of Greece 2014.
39. Vgl. Lapavitsas und Muneyar 2014.
40. Vgl. ebd.
41. Die hier folgende Analyse stützt sich stark auf Lapavitsas und Munevar 2014.
42. Vgl. Antonopoulos 2014.
43. Angesichts der zerstörerischen Auswirkungen einer hohen Besteuerung auf die griechische Wirtschaft, wie oben gezeigt, würde eine Linksregierung gut daran tun, mit Vorschlägen für Steuererhöhungen vorsichtig umzugehen, besonders wenn dahinter die Vorstellung steckt, dass Steuererhöhungen eine Lösung für die Krise sein können. Eine so niedergedrückte Wirtschaft wie die griechische braucht eine Erleichterung, keine Erhöhung der Steuerlast.
44. Vgl. IMF 2013.
45. Vgl. Artavanis, N., Morse, A. und Tsoutsoura, M. 2012.
46. Zahlen von den Autoren geschätzt nach Angaben des ECB Statistical Data Warehouse.

47. Vgl. Bank of Greece 2012.
48. Vgl. Hellenic Financial Stability Fund 2013.
49. Zahlen von den Autoren geschätzt nach Angaben des ECB Statistical Data Warehouse. Vgl. auch die Zahlen der Weltbank unter: http://data.worldbank.org/indicator/FB.AST.NPER.ZS.
50. Zahlen von den Autoren geschätzt nach Angaben des ECB Statistical Data Warehouse.
51. Zahlen geschätzt nach Angaben des ECB Statistical Data Warehouse.
52. OECD 2014, S. 4.
53. Vgl. International Federation of Red Cross and Red Crescent Societies 2013.
54. Schätzungen nach Daten der Weltbank, unter: http://data.worldbank.org/country/greece.
55. Vgl. UNICEF 2014.

224 Seiten
ISBN 978-3-86489-055-0
€ 14,99

»Heiner Flassbeck bringt die Dinge auf den Punkt«
(Prof.Dr.Peter Bofinger)

»Wer etwas über gesamtwirtschaftliche Zusammenhänge und aktuelle Wirtschaftspolitik erfahren will, sollte dieses Buch lesen. Wer sich darüber hinaus an einem unter Ökonomen seltenen brillanten Stil erfreuen will, der muss es lesen.«
Dr. Gustav Adolf Horn

288 Seiten
ISBN 978-3-86489-044-4
€ 19,99

Kapitalismus verstehen

Geld ist ein Rätsel: Jeder benutzt es, aber keiner versteht es. Selbst berühmte Ökonomen scheitern daran zu erklären, was Geld ist. Dasselbe gilt für das Geschehen auf den Finanzmärkten, das die meisten ratlos zurücklässt. Insofern: Wer die aktuellen Wirtschaftskrisen verstehen will, muss dieses Buch lesen.

240 Seiten
ISBN 978-3-86489-067-3
€ 16,99
Auch als eBook erhältlich

VERSCHLAFEN WIR UNSERE ZUKUNFT?

Uns geht's gut, erzählt uns die Kanzlerin, unterstützt von vielen Medien. Sie lullt uns mit dem Märchen ein, es könnte alles so bleiben, wie es ist, wenn wir nur weitermachen wie bisher. Und kaum jemand widerspricht, vor allem, seit SPD und Grüne um die Rolle als Merkels Juniorpartner konkurrieren. Das heißt aber auch, Opposition muss jetzt mitten aus der Gesellschaft kommen, von uns Bürgerinnen und Bürgern. Denn eines ist klar: Wenn nicht wir die Welt verändern, wird sie uns verändern – mehr, als uns lieb sein kann. Und dann droht auch unsere sogenannte »Insel des Wohlstands« unterzugehen.

DIE ERSTE ABRECHNUNG
MIT DER GROSSEN KOALITION!